高校科技创新
空间溢出效应研究

席增雷　谢东辉　黄菲　等著

中国财经出版传媒集团

经济科学出版社
Economic Science Press

图书在版编目（CIP）数据

高校科技创新空间溢出效应研究/席增雷等著．－－
北京：经济科学出版社，2023.4
ISBN 978 - 7 - 5218 - 4627 - 0

Ⅰ．①高…　Ⅱ．①席…　Ⅲ．①高等学校－科研管理－
研究－中国　Ⅳ．①G644

中国国家版本馆 CIP 数据核字（2023）第 049935 号

责任编辑：崔新艳　梁含依
责任校对：王京宁
责任印制：范　艳

高校科技创新空间溢出效应研究

席增雷　谢东辉　黄　菲　等著

经济科学出版社出版、发行　新华书店经销

社址：北京市海淀区阜成路甲 28 号　邮编：100142

经管中心电话：010 - 88191335　发行部电话：010 - 88191522

网址：www. esp. com. cn

电子邮箱：expcxy@ 126. com

天猫网店：经济科学出版社旗舰店

网址：http：//jjkxcbs. tmall. com

北京季蜂印刷有限公司印装

710×1000　16 开　12.25 印张　230000 字

2023 年 6 月第 1 版　2023 年 6 月第 1 次印刷

ISBN 978 - 7 - 5218 - 4627 - 0　定价：62.00 元

（图书出现印装问题，本社负责调换。电话：010 - 88191545）

（版权所有　侵权必究　打击盗版　举报热线：010 - 88191661

QQ：2242791300　营销中心电话：010 - 88191537

电子邮箱：dbts@ esp. com. cn）

　　本书是河北省人文社科重大攻关项目"京津冀高校创新链与区域产业链对接思路研究（ZD201914）"、河北省社会科学发展研究重点课题"河北省高新区科技创新财政支持政策研究（20220101009）"的成果；本书同时得到白洋淀流域生态保护与京津冀可持续发展河北省协同创新中心、保定市碳中和与数据科学重点实验室和河北省人文社科重点研究基地河北大学资源利用与环境保护研究中心的联合资助。

前　　言

在多种创新主体中，高等院校起着主力军的作用。科技创新、科技研究与高等教育相互结合的创新体系，既是国家科技创新体系重要的组成部分，也是培养国家核心竞争力的主要源泉。在此形势下，研究探讨高校科技创新能力的时空格局以及影响因素，对优化高校科技创新布局、进一步发挥高校科技创新在经济增长中的作用、提高国家综合竞争力具有重要现实意义。本书采用规范分析与实证分析相结合、定性与定量研究相结合的方法进行了如下研究。

第一，高校科技创新能力指数测算。依据系统性、科学性、可比性、可操作性等原则选取评价指标，构建高校科技创新能力综合评价指标体系。其中，以各省域高校科技创新能力作为目标层，以高校科技创新投入能力、高校科技创新产出能力以及高校科技创新成果转化能力作为准则层，以 16 个影响因子作为三级指标，运用加权 TOPSIS 法计算各省域高校科技创新能力指数，并通过时序加权法测算了高校科技创新能力综合指数。

第二，高校科技创新能力区域空间演化分析。首先选取四个典型的不同时间点的省域高校科技创新能力指数，运用 ArcGIS 空间可视化方法探寻各省域高校科技创新能力的空间分布特征；随后通过计算高校科技创新能力的全局莫兰指数（Moran's I），分析高校科技创新能力在整体区域中是否存在空间相关性；再通过莫兰散点图进一步揭示局部省域高校科技创新能力的空间集聚差异。

第三，选取 2008~2017 年京津冀地区"211"及省部共建 29 所高校的面板数据，选取熵权法对高校科技创新综合能力的指标进行权重赋值，从科技创新绩效的角度对高校进行排名，并按分类指标进行分析。采用科学的投入产出指标和环境变量指标，运用三阶段DEA模型对高校科技创新效率进行测度。

第四，分析河北高校发展现状和科技创新现状，运用熵权法对河北省及"部省合建"地区的高校科技创新指标进行权重赋值，并分指标分析河北省高校科技创新能力的优势和不足，之后使用回归分析法针对河北省高校科技创新能力对经济发展的影响进行实证分析。

第五，采用以柯布-道格拉斯生产函数为基础的生产函数，从投入角度出发，选取指标，采用熵权法，计算高校的科技创新投入在整体科研投入中的比重，将高校的贡献份额从地区整体贡献中分离出来，针对京津冀地区高校科技创新对区域经济增长的贡献率进行测算。

第六，对技术创新与经济绩效的关系进行研究假设，选取技术人员比率、研发密度反映技术创新能力，从盈利能力、发展能力、经营能力、偿债能力四个方面选取13个指标，运用固定效应模型对技术创新与经济绩效进行回归分析、滞后性分析以及京津冀装备制造业成长性的调节效应分析。

本书部分内容选自苗欣茹、苗丽冉、张彤彤、黄菲的硕士学位论文以及《技术经济》《河北农业大学学报》等期刊上公开发表的阶段性成果。本书不是对这些已发表研究成果的简单结集，而是在理论体系、逻辑框架和研究内容上进行了系统梳理和总结。

本书也是河北大学生态保护与区域发展科研创新团队集体智慧的结晶，团队成员谢东辉、顾燃、李远天、杨倩、梁佳林、张硕、王荷、刘旭、禹金秀、胡树坤、赵文琪、马如霞、陈圣伟、李滢等在课题问卷的设计与数据处理、专题报告的撰写以及本书的校对等方面作出了贡献，这也是本书能够顺利成稿的重要支撑。

希望本书的出版能够丰富相关领域的研究，能够有助于高校科技创新在经济增长中发挥更大作用。

目　　录

第一章
绪　论

第一节　研究背景和意义

党的十九大报告指出，加强国家创新体系建设，强化战略科技力量。《中华人民共和国国民经济和社会发展第十四个五年规划和 2035 年远景目标纲要》明确提出："坚持创新在我国现代化建设全局中的核心地位，把科技自立自强作为国家发展的战略支撑，面向世界科技前沿、面向经济主战场、面向国家重大需求、面向人民生命健康，深入实施科教兴国战略、人才强国战略、创新驱动发展战略，完善国家创新体系，加快建设科技强国。"区域创新体系是国家创新体系建设的区域延伸和重要组成部分，是实现区域创新驱动发展的载体和路径，对于培育创新发展新动力、引领经济发展新常态、促进区域全面发展具有重要意义。

高校具备人才培养、科学研究和服务社会的三大功能，为国家和区域创新体系建设提供全面的人才支持和强大的知识贡献，在区域创新体系中发挥骨干、支撑和引领作用。提升高校尤其是地方大学的科学技术创新能力，不仅有利于大学自身的发展，也是完善区域科技创新体系的需要。科学地对高校科技创新能力进行全面评估，能够发现科技创新能力所面临的问题，有助于激活创新要素，推动高校持续提升科技创新能力，进一步强化对区域经济社会发展的支撑和引领作用。

京津冀处于我国战略产业发展的核心区域，其功能定位是建立具有全球竞争力和影响力的现代化、国际化、生态化的世界级城市群，全国的政治、文化、科教、国际交往中心和北方经济中心也位于这里。京津冀协同发展战略需要从全球视野、时代视野和以人民为中心的视野出发，保持历史耐心和战略定力，努力推动京津冀地区动能转换和发展模式变革，促进区域整体协同发展。

高校作为区域创新体系的重要组成部分，通过形成新思路、发明新专利、产生新工艺、创造新产品等一系列成果转化过程来提高生产效率和优化经济结构。同时，通过节约资源、降低能耗、提高产业生态化、加速生态经济发展实现绿色效益提升，进而实现经济高质量发展。基于此背景，本书研究的意义在于以下四个方面。

第一，丰富已有高校科技创新能力的研究理论。目前，有关高校科技创新能力的相关研究正处于探索阶段，虽然取得了丰富的成果，但相关理论还有待完善。科学合理地选择高校科技创新能力评价指标，深入剖析科技创新能力结构，对完善高校科技创新能力理论、丰富国家和区域创新体系理论具有重要的理论意义。

第二，有利于促进区域间高校科技创新能力的协调发展。通过对各省域、市域高校科技创新能力指标的甄选和计算分析，能够深入了解各省、市和地区高校科技创新发展的现状及空间分布特征，使各高校了解自身科技创新能力的高低、问题所在以及潜能的大小，从而指导高校明确其主攻的科研方向，优化内部结构及合理分布科研力量，以强化原始创新、集成创新能力实现创新成果的产业化转移。

第三，有利于实现区域产业结构优化升级。在巨大的资源环境压力下，加快产业转型升级、掌握可持续发展的内源性核心技术尤为重要。深入分析区域高校创新现状以及创新效率，了解高校科技创新活动的实际发展情况，有利于优化高校科技创新资源配置，形成科学的产学研布局。

第四，有利于促进京津冀协同发展。高校科技创新能力评价是提升科技创新能力、优化创新资源结构、合理配置科研创新资源的有效举措。在京津冀一体化和京津冀协同发展的战略背景下，通过对京津冀高校的科技创新能力评价研究，能直观地了解京津冀地区部属高校科技创新的优势和不足，有利于政府和高校及时掌握科技创新产出效率，制定优势互补的协同创新战略，实施针对性措施。推动京津冀区域高校的协同发展，对于加快京津冀一体化的步伐具有重要意义。

第二节　国内外研究综述

一、关于高校科技创新能力评价的研究

（一）评价对象相关研究

对于高校科技创新能力的评价对象，可以分为部分省、市高校，特定区域内或某些领域的高校，所有省、市的高校三个角度。

第一，学者们以部分省、市高校作为研究对象，对其科技创新能力进行评价分析。徐朋辉等（2019）对安徽省 30 所高校进行分析评价，分析影响安徽省高校科技创新能力的关键因素，分析得出安徽省高校科技创新能力的比较优势。朱金龙等（2018）以江苏省 17 所高校 2013~2017 年的面板数据，采用随机前沿分析模型对这些高校的科技创新效率进行分类分析研究，从而为主管部门和高校进一步加强高校科技创新工作内涵建设、推进科技创新工作高质量发展提出建议。

第二，学者们以特定区域内或某些领域的高校为研究对象对其科技创新能力进行评价分析。熊国经（2018）从横向和纵向两个角度对泛珠江三角洲地区各省的高校 2010~2014 年的科技创新能力进行分析比较。吴和燊等（2018）对我国 36 所农业高校的科技创新能力展开研究，测算并比较不同地区农业高校的科技创新效率，研究不同因素对农业高校科技创新效率的影响，为农业高校展开科技创新活动提供了动力支持和方向指引。

第三，学术界侧重于对我国高校整体展开科技创新能力评价。有学者研究了美国和意大利高校科研经费和科研人员数量对高校整体科研能力的影响，研究结果表明高水平科研人员数量比科研经费数额更能影响高校科研生产力。艾布拉姆（Abramo，2013）基于 2004~2008 年意大利的高校科研资助环境，发现高校科研经费与学术研究能力直接相关，即财政资金投入和社会捐赠数额越多，高校科技创新能力越强。雷亚楠（2018）对我国高校的科技创新能力展开研究，分析科技创新能力区域性差异的原因并提出针对性的建议。熊玲玲（2018）以 2008~2016 年数据，从科技创新基础能力、创新投入能力、创新产出能力、成果转化能力和合作能力五个方面，对我国 31 个省份的高校的科技

创新能力进行动态综合分析，发现了高校科技创新能力存在的问题，并提出相应措施。

（二）评价指标体系相关研究

对于高校科研效率评价指标体系的研究始于 20 世纪，在国外研究领域中，安、钱布斯和库珀（Ann、Chams、Cooper，1998）在对美国 161 所高校的科研效率进行研究时，针对美国高校的特点及科研效率的研究内容构建了一套以人员经费、经常性支出、资本支出、科研收入、本科毕业生和研究生毕业生人数为主要投入产出指标的评价指标体系。路易斯（Luis D B，2006）等根据研究目标的特征，构建了一套包含销售额、授权专利数、产品创新收入等投入产出的科技创新评价指标体系。

目前国内学者主要从投入与产出两个基本角度展开评价指标设计。随着科技创新能力评价研究的深入，一些学者对高校能力评价指标进行了完善。刘小明（2004）以科技创新的投入和产出能力评价高校科技创新能力；王章豹和徐枞巍（2005）在投入产出指标的基础上加入了科技创新基础能力的指标；刘伟和曹建国等（2010）在构建我国高校科技创新能力指标体系时增添了科研实力、科技投入产出效率和科技产业转化能力；熊国经、熊玲玲等（2008）认为高校科技创新能力的评价指标体系应包括科技创新的基础资源相关指标；康美娟等（2009）的研究不仅增加了科技支撑能力和科技成果扩散能力，还增加了科技创新可持续发展能力，丰富了科技创新能力评价指标体系；安蓉（2015）进一步以科技创新成果转化能力和科技创新支撑能力研究高校科技创新能力；庞诗（2006）的高校科技创新评价研究成果包含了对外交流的指标评价；王亚楠和宋景华（2017）从创新要素、创新产出、创新环境和发展状况四个维度构建高校科技创新评价指标体系。随着对关于高校科技创新能力评价研究的不断深入，国内研究的评价指标体系越来越完善。

（三）评价方法相关研究

目前，高校科技创新能力评价方法主要包括主成分分析法、因子分析法、灰色关联度评价、数据包络分析方法和全要素生产率指数法等。

1. 主成分分析法（principal component analysis，PCA）

杜俊慧（2013）采用主成分分析法对山西省 19 所高等院校的科技创新能力进行评价并做了进一步分析比较。刘伟等（2010）对我国 31 个省、自治区及直辖市的高校采用主成分分析法进行科技创新能力综合评价，并对不同区域高校的科技创新能力进行分析比较。

2. 因子分析法（factor analysis）

李荣富等（2014）采用因子分析法对2010年我国31个省（自治区、直辖市）高校进行综合评价。吴建国等（2016）以我国31个省（自治区、直辖市）高校为评价对象，利用因子分析法对科技创新能力进行分析比较，并对区域间高校科技创新能力的不平衡问题进行探究。侯成义（2011）使用因子分析法对7所国防高校的科技创新能力进行探究。

3. 灰色关联度评价

章熙春等（2010）运用灰色关联度评价方法对广东省各高校的科技创新能力进行分析评价，深入探究广东省高校科技创新能力现状。蒋兴华（2016）对北京、上海、天津、广东、江苏五个地区采用灰色关联度评价方法对高校科技创新能力进行现状分析及综合评价。

4. 数据包络分析方法（data envelopment analysis，DEA）

沙梅（Chamese，2012）和余澄（2012）应用DEA模型从不同角度对我国教育部直属高校科研效率进行了评价。姜彤彤（2014）和王树桥（2016）等对我国"985"高校科研效率的测评也使用了DEA模型。李海东（2017）使用DEA模型对我国石油类高校的科技创新效率进行测评，不仅计算DEA有效的高校的超效率值，而且对DEA无效的高校进一步分析效率低下的原因并提出改善措施。黄小平等（2018）使用DEA方法从规模效率、纯技术效率和综合效率三方面对Z省高校进行总体评价，分析比较了制约高校科技创新的因素。

5. 全要素生产率指数法（Malmquist total factor productivity，简称Malmquist指数法）

1953年，该指数作为普通消费指数由马尔姆奎斯特（Malmquist）提出，后学者凯夫（Caves，1982）等把该指数用于生产率变化的测算中，随后该指数逐渐与DEA方法结合，并运用于各部门、产业和区域研究中。冯光娣等（2012）使用Malmquist指数法对我国高校2000~2009年的科技创新效率变动情况进行研究，结果表明我国全要素生产率呈波动上升的趋势。张惠琴等（2015）运用Malmquist指数法对我国30个地区高校科技创新效率变动情况进行研究，并通过其测度的Malmquist指数及分解指数结果对各地区的效率进行聚类分析，最后根据聚类结果与规模收益结果提出改进对策。此外，使用Malmquist指数对高校科技创新效率进行研究的学者还有李瑛（2011）、姜彤彤（2012）、李清贤（2014）等。

二、关于高校科技创新能力空间效应的研究

第一，高校科技创新空间特征。汪凡（2017）等利用 ArcGIS 核密度估计、探索性数据分析（ESDA）等方法对高校科技创新格局进行了探究。梁翠、王智新（2014）进一步分析了影响高校科技创新时空格局异质性分布的主要因素。王美霞（2018）以高校空间协同创新能力为切入点，先用协同创新投入、产出、转化、合作、支撑 5 个方面的指标构建高校协同创新能力评价体系，随后运用主成分分析法测算高校的协同创新能力，并对空间格局进行了研究。

第二，高校科技创新空间溢出效应与经济增长或产业发展的关系。彭新一、王春梅（2018）在整理省域面板数据的基础上建立了区域高校科技创新能力与经济发展水平的耦合协调模型，并从时空上深入探讨了两者的内在联系。龚建立（2001）实证分析并检验了浙江省高校科技创新与区域经济的互动关系，认为高校已经成为本区域产业结构升级和高技术产业发展的重要创新源。

三、关于高校科技创新与区域经济发展的研究

在高校科技创新与经济发展关系的现有研究中，学者们重点关注的是高校科技创新对一个国家或一个区域经济发展和经济增长的促进作用。20 世纪 80 年代卡弗里（Caffry）和艾萨克斯（Isaacs）等美国学者展开关于高等教育是如何影响区域经济发展的研究，认为高等教育的发展能够给社会提供更多的工作机会，有助于完善区域经济基础设施，从而为区域经济建设带来良好的契机，促进区域经济发展。费尔德曼（Feldman）认为高等教育能够刺激企业创新，推动区域经济发展。戈尔茨坦（Goldstein）等认为高校科技创新对于经济发展的作用主要在于所产生的知识溢出效应。

从国内研究来看，关于高校科技创新与经济发展方面的研究以特定区域为主，如郑晓齐（2006）通过对北京地区的高校进行分析，发现北京地区高校科技创新活动以高校和科研系统的双重身份，对首都知识经济发展发挥着作用。王青（2010）分析 2001~2007 年上海经济发展的基本情况，认为大学人才培养是上海经济发展的基础，高校的科技创新为上海的经济发展、区域产业结构转型升级提供知识和技术支持。张楠（2013）指出创新研发在一定程度上促进了专利数量的增加、转让和出售，进而促进经济发展。韩雪峰等（2014）

综合使用动态分析和回归分析方法对辽宁省高校和研发机构的科技创新与区域经济增长之间的关系进行研究，得出高校科研经费的产出效率高于其他科研机构。李明、李鹏（2018）对我国 31 个省（自治区、直辖市）的高校科技创新对所在地区经济发展的支撑作用进行研究，研究结果表明我国高校科技创新支撑经济发展的作用普遍偏低且存在明显地区差异，东部地区高于中西部地区。赵岚等（2019）使用 BRF 模型对高等教育和经济发展的关系进行研究，结果表明高等教育对于促进经济发展有显著作用。蔡芳（2020）在研究高校科研活动与区域经济发展的关系时发现，加大对高校研发（R&D）活动的投入力度有助于经济发展水平提高。

四、关于高校科技创新与经济高质量发展关系的研究

许多学者从组成高校科技创新要素的不同角度分析其对经济发展转变方式的影响，如学者李祖超（1997）在研究经济发展的转变方式与高校的关系时得到高校促进经济发展方式转变的结论。刘新竹（2016）发现高校科技创新可以通过促进企业生产效率提高、产业结构优化升级和节能减排等方式来加快经济发展方式的转变。胡明晖、楚明超等（2019）深入研究了科技创新对河南省经济高质量发展的影响，提出加强对河南省高校和科研院所科技创新活动的政策支持有助于发挥河南省高校科技创新对经济高质量发展的驱动作用。李燕（2020）以副省级以上的城市为样本，利用面板模型对经济高质量发展水平和高校科技创新特别是科技创新人才之间的关系进行研究，发现高校科技创新进行能够明显促进城市经济高质量发展。

五、研究综述及展望

学者们对高校科技创新与区域经济发展、经济高质量发展的关系等相关方向进行了大量研究，对本书的研究具有借鉴意义，但仍有很大的研究空间，具体如下。

第一，高校科技创新能力方面。虽然有大量的文献从不同角度对高校创新能力进行研究，但现有研究主要集中于创新投入与产出配置模式、创新产出的转化效率以及高校创新能力管理系统方面，对高校创新能力指数的空间分布、在不同区域的表现形式以及对区域产业结构升级方面的研究较少。面对各区域间高校科技创新能力、形式和内容的差异，必须考虑高校创新投入、产出及成

果转化的空间分异和溢出效应，即高校科技创新活动三个组成方面在不同地区的分布形态及影响作用。

第二，高校科技创新能力空间分布差异方面。目前，国内外学者已经在高校科技创新空间效应研究方面取得丰硕成果，但鲜少对创新能力的时空演化进行对比分析，且对创新能力指数时空差异分析不直观。在研究方法上，不少学者使用空间计量模型进行定量分析，但很少有学者对影响高校科技创新能力各因素的空间效应做进一步分解研究。

第三，在研究区域的实证方面。只有个别省级和城市级的研究，并没有形成全国各级区域方面的实证研究体系，还需进一步开展全国层面和省级层面的研究。现有的研究常常是分析整个区域的科技进步对经济增长的影响，并未将高校单独划分出来，还有一种情况是对高校科技创新能力进行分析，但并未分析对经济增长的影响。

综上所述，本书在已有研究的基础上进行以下几个方面的探索：首先，科学全面地选取高校科技创新能力指标，通过加权 TOPSIS 法、熵权法、DEA 方法等测算相应的创新能力综合评价值，运用 ArcGIS10.2 软件分析省域高校科技创新能力指数的时空格局，并采用 Moran's I 和莫兰散点图对高校科技创新能力影响因素的空间相关性进行检验；其次，为探究高校科技创新能力的影响因素的空间溢出效应，运用空间面板计量模型考察主要因素的影响大小，并对空间溢出效应进行分解，探究不同区域的互动关系；再次，分别以全国区域、京津冀区域以及河北省为研究范围，系统分析高校科技创新对区域经济发展、区域经济高质量发展的影响；最后，将高校科技创新作用进一步扩展延伸到其他具体产业上，以京津冀装备制造业为例，探究技术创新对装备制造业经济效益的影响。

第三节 研究的主要内容

本书系统阐述了高校科技创新对经济发展影响作用的形成机理，并以此为理论依据，分析全国、京津冀以及河北省科技创新能力的发展现状，多视角、多层面地探究科技创新对经济发展的影响。以京津冀装备制造业为例，探究技术创新对产业经济效益的影响，以此将创新系统与产业系统关联，在此基础上为全国、京津冀以及河北地区优化创新资源配置、促进产业转型升级以及推动区域经济高质量发展提供合理建议。

第一，系统梳理和分析高校科技创新与区域经济发展、经济高质量发展的影响机理。首先，界定了高校科技创新、高校科技创新能力、高校科技创新能力评价和区域经济高质量发展的概念内涵；其次，探讨高校科技创新与区域经济发展的互动影响机制；最后，从创新、协调、绿色、开放、共享角度分析高校科技创新对区域经济高质量发展的作用机理。

第二，对省域高校科技创新能力的指标及现状进行分析。一方面遵循系统性、可操作性等原则选取高校科技创新能力指标，另一方面对省域高校创新能力发展现状进行描述，阐述高校科技创新投入、产出以及成果转化能力的发展特点。

第三，研究了高校科技创新能力评价与区域空间格局演变。首先介绍研究方法；其次，对高校科技创新能力进行计算与评价；再次，基于 ArcGIS 对高校科技创新能力的时空格局进行分析；最后，运用 Moran's I 对高校科技创新能力是否存在空间相关性进行检验。

第四，高校科技创新能力影响因素的空间溢出效应分析。首先，进行空间计量模型的设定与变量选取；其次，在考虑空间相关性的前提下，构建空间面板计量模型，探究影响高校科技创新能力的因素；最后，将影响因素的空间溢出效应进行分解，分析各因素对本地区和邻近地区高校科技创新能力的影响。

第五，对京津冀地区高校科技创新能力的测度与分析。首先，构建京津冀高校科技创新能力评价指标体系，选取京津冀"211"及省部共建高校 29 所，通过确定指标权重，建立此类高校的科技创新评价体系，得到这些高校的科技创新绩效，并通过指标分析京津冀高校的科技创新能力；其次，使用三阶段DEA 方法从综合效率、纯技术效率和规模效率三个角度对 29 所高校 2008 ~ 2017 年的科技创新效率变化情况进行分析。

第六，基于"部省合建"地区的河北省高校科技创新能力分析。以河北省高校为研究对象，首先对河北省高校现状进行统计性描述，利用熵权法测算部省合建高校①所在地区全部高校的科技创新绩效，得出河北省高校科技创新能力的优势和不足，并利用计量经济模型研究河北省高校科技创新能力对经济高质量发展的影响。

第七，高校科技创新对区域经济高质量发展的影响分析。分别以我国全

---

① "部省合建高校"是指教育部对中西部目前没有教育部直属高校的 13 个省区和新疆生产建设兵团按照"一省一校"原则，支持河北大学、郑州大学、山西大学等 14 所高校建设，发挥合建高校在区域范围内的领头羊作用。

域、京津冀区域以及河北省的高校科技创新相关数据和经济高质量发展相关数据为样本，探究高校科技创新对我国经济高质量发展的影响，并进一步对我国不同区域高校科技创新对区域经济高质量发展的影响进行实证分析。

第八，技术创新对京津冀装备制造业发展影响分析。首先对技术创新与经济绩效进行研究假设、样本选择、变量选取以及模型构建，为实证部分做好前提准备；其次，对被解释变量经济绩效的综合评价获取过程展开叙述；最后，分析京津冀装备制造技术创新对经济绩效的影响，包括滞后性分析、调节效应分析以及结果分析。

第四节　研究方法与创新点

一、研究方法

（一）实证研究与规范研究相结合

本书采用实证研究与规范研究相结合的方法，以实证研究为基础、以规范研究为指导。在对高校科技创新能力及其与区域经济发展、经济高质量发展之间的互动关系进行理论分析的基础上，对不同区域高校的科技创新能力进行测度及时空差异对比，并提出政策建议。首先，以全国为研究出发点，分析我国高校科技创新能力现状与区域空间格局演变，从空间溢出效应角度分析高校科技创新能力的影响因素；其次，以京津冀和河北省为出发点分析高校科技创新发展现状，测度京津冀高校科技创新效率并对河北省高校科技创新进行评价；再次，分别从全国、京津冀、河北省三个视角实证分析高校科技创新对区域经济高质量发展的影响，并以京津冀装备制造业为例，实证研究技术创新对经济绩效的影响；最后，在规范研究与实证研究的基础上，得出研究结论。

（二）定性与定量分析相结合

本书运用文献研究法对高校科技创新能力现状进行梳理分类及述评，对高校科技创新、高校科技创新与区域经济发展、高校科技创新与区域经济高质量发展的关系进行概念界定和理论分析，在定性分析的基础上，收集大量数据对高校科技创新能力的发展现状、影响因素及对区域经济的影响因素进行定量分析。

定量研究方法如下。

（1）比例分析法：运用该方法对高校科技创新投入能力、产出能力和成果转化能力进行分析与评价。

（2）加权 TOPSIS 法：分析某一地区高校科技创新能力与理想状态的差距。

（3）时序加权法：对综合评价体系所包含的各个指标进行动态化处理，以便进行评价。

（4）纵向分析法：一是对北京市、天津市、河北省的高校科技创新能力和高校科技创新对经济增长贡献率的综合对比分析，找出差异产生的原因；二是对河北省高校科技创新能力进行时间序列分析，找出河北省高校科技创新能力的制约因素。

（5）熵权法：对"部省合建"地区和河北省高校科技创新能力进行分析测算。

（6）三阶段 DEA 方法：对京津冀高校科技创新效率进行测度。

（7）因子分析法：对经济绩效进行综合评价，并用综合评价值代表经济绩效。

（8）通过建立面板回归模型进行关于高校科技创新对区域经济发展影响的实证检验，在搭建创新链与产业链的同时，对技术创新对经济绩效的影响进行系统分析。

最后，以定量分析结果为依据，对定性研究进行总结并有针对性地提出相关对策建议。

（三）空间经济与新经济地理相结合

本书在进行各项研究时，采用空间经济与新经济地理相结合的方法进行研究，结合地理区位因素，直观分析和阐述省域间高校科技创新能力的时空差异及演化过程，主要包括：（1）运用 ArcGIS 10.2 软件对省域高校科技创新能力进行时空格局分析，把研究结果反映到地图上，使视角更加直观、清晰；（2）莫兰指数：运用 Moran's I 分析省域高校科技创新指数的空间相关性，并用莫兰散点图直观反映某一变量在每一个空间单元的集聚特征；（3）在空间相关性检验的基础上，根据模型输出结果，综合各模型的效果，选择空间杜宾模型（spatial Dubin model，SDM）对各省域高校科技创新能力影响因素的空间溢出效应进行分解；（4）为进一步分析技术创新对经济绩效产生的滞后性影响，本书运用 ArcGIS 软件对京津冀区域范围内装备制造业的技术创新与经济绩效进行时空格局分析。

二、创新点

第一，以构建省域高校科技创新能力体系为出发点，系统地对比高校科技创新投入、产出及成果转化的发展现状，探究省域高校科技创新能力的区域差异及整体的空间分布特征，对影响省域间高校科技创新能力的空间相关性进行检验，对影响因素进行空间计量分析，并考察空间溢出效应。

第二，本书利用 ArcGIS10.2 软件对高校科技创新能力指数进行可视化分析，在使用全局莫兰指数（Global Moran's I）和局部莫兰指数（Local Moran's I）检验省域间高校科技创新能力的空间自相关性的基础上，选择空间杜宾模型分析高校科技创新能力的影响因素，并对空间溢出效应进行分解，提出高校科技创新能力提升的路径和方法。

第三，长期以来，学者主要进行关于高校科技创新对经济增长、经济增长方式转变、经济发展影响的研究，关于高校科技创新对经济高质量发展的详细讨论并不多见，本书从高校科技创新对我国经济高质量发展的影响角度进行实证检验，并对不同地区高校科技创新对区域经济高质量发展影响的差异进行实证检验，具有一定创新性。

第四，本书指出京津冀高校科技创新能力的排名与其对经济增长的贡献不完全匹配，为京津冀地区的经济增长率提供新视角。

第五，本书利用固定效应模型，先对技术创新能力各变量与经济绩效进行单一解释变量回归和全变量模型回归分析，再以企业成长性作为调节变量，研究企业成长性对二者关系的调节效应。

第二章
高校科技创新与区域经济发展

第一节　研究内涵界定

一、高校科技创新

高校是培养人才、生产和传播新知识新思想的重要基地，在国家创新体系中具有十分重要的地位。高校是科技创新的前沿阵地，高校科技创新要从国家战略和区域经济社会发展需求出发，将人才培养和科学研究深度融合，加快推动科技成果向现实生产力转化，更好服务国家战略和地方经济社会发展。高校科技创新与企业技术创新的不同之处在于高校的职能是知识创新、技术创新和培养高素质人才。高校的科技创新包括三个方面。一是知识创新，知识创新能力是高校科技创新能力的基础，知识学术水平和知识创新产出水平与高校科技创新能力具有直接相关性。二是技术创新，也就是产生新技术并投入市场的过程，即以知识创新为基础，进行开发研究、试验发展并投入商业市场。因此科技创新也可定义为将具有商业价值的科研成果转化为生产力的过程。三是人才培育，高校作为人才的集聚地，创新成果通过人才扩散，给所在区域带来创新动力。

二、高校科技创新能力

高校科技创新能力主要是指高校利用科技创新资源进行知识生产与再生

产、高新技术研发、科技成果转化和服务社会等科技创新活动，并以学术论文、科技著作、专利、成果授奖等科技创新成果表现出来的一种综合能力。高校科技创新能力是科技创新资源间相互作用后衡量科研成果产出的能力，也是高校科技创新效率的重要指标。从科技创新活动过程来看，高校的科技创新能力主要包括高校科技创新资源投入能力、成果产出能力和成果转化能力等。

三、高校科技创新能力评价

高校科技创新能力评价是针对高校知识生产与再生产、高新技术研发、科技成果转化和服务社会等科技创新活动及其成果质量和价值的评价。具体而言就是对科研项目以及论文的质量、水平、价值的评定；是对高校科技成果质量、社会意义、研究思路和科学价值可靠性、有效性、科学性的综合鉴定；是对高校科技工作者创造性劳动成果质量与价值的终极仲裁和评判，以及对科研成果和完成人自身科研水平和能力的综合评价。

高校科技创新能力评价是指运用评价方法对评价指标权重进行主观或客观层面的赋值。通过评价，可判断高校创新资源的配置和利用情况，分析高校科技创新能力存在的问题，为提升科技创新能力、提高科技创新服务社会能力提供参考。高校科技创新评价的方法主要包括定性和定量两种研究方法，定量研究法是对研究对象进行量化处理，评价结果更加准确客观，主要包括因子分析法、聚类分析法、神经网络法、熵权法、模糊综合评价法等。定性研究法主要是结合学者的理论和主观认识，对评价对象进行定性的评价。定性研究法通常采用专家咨询的方法，借助专家的主观判断，对高校的科技创新能力进行评价。

四、区域经济高质量发展

区域经济高质量发展不仅关注经济发展的速度和规模，更关注经济发展综合效益，即从仅注重经济增长的角度转向了兼顾经济增长、社会公平、生态环境、区域发展等更多维度的发展；从产业角度来看，更注重现代化产业体系的构建和产业协同发展，最终实现要素合理配置及生产率的提高，因此高质量发展指的是充分、均衡的发展。

区域经济高质量发展的内涵主要从宏观经济、产业和企业三个层面把握。（1）从宏观经济层面来看，高质量发展要以兼顾经济增长的稳定性、区域发展的协调性为目的，以创新推动区域高质量发展为主要动力，以绿色发展为理念，将发展成果惠及区域范围内的全体人民。（2）从产业方面来看，高质量发展能发挥产业集群效应，推动产业融合发展和产业结构的优化调整，从而提高经济可持续发展能力。（3）从企业发展层面来看，高质量发展能打造具有全球竞争力和先进质量管理理念的优秀企业。

区域经济高质量发展符合"创新、协调、绿色、开放、共享"的新发展理念，它以较少的生产要素、高效的资源配置效率、较低的资源环境成本和良好的社会效益满足人们日益增长的美好生活需求。区域经济高质量发展的内涵需要从多个角度把握，借鉴赵剑波等学者（2019）的观点，本书从经济发展、系统平衡发展和民生角度三个方面来解释区域经济高质量发展的内涵。

（一）经济发展

经济建设是推动区域经济高质量发展的重要支撑，汪同三（2018）认为经济发展是高质量发展的基础，民生共享是经济高质量发展追求的最终目标。学者们在研究经济发展时，更多的是对经济发展速度和效率的探究，可能会忽视经济质量问题。经济学分为微观经济、中观经济和宏观经济。从微观层面来看，经济高质量发展不仅包括产品升级换代，还包括服务质量的提升；从中观层面来看，经济高质量发展包括产业结构的优化、区域发展的协调；从宏观经济层面来看，经济高质量发展是指经济质量和效率的提高。

（二）系统平衡发展

现阶段区域经济高质量发展是指能够解决发展不平衡、不充分的问题，因此经济高质量发展包括经济系统调整、生态系统保护、民生系统筑建、打造高水平对外开放体系等维度的发展。系统平衡发展视角下的区域经济高质量发展是以创新为第一发展动力，以协调为内生特性，绿色成为发展常态，开放作为有效路径，最终促进各系统的协调发展。

（三）民生角度

经济发展的最终目标是满足人们日益增长的物质文化需求。人们需求层次的提升对经济高质量发展提出了更高的要求。因此，从民生角度来看，区域经济高质量发展不仅包括经济结构的转变，还包括生态环境、公平正义等非经济层面的发展。

第二节　高校科技创新与区域经济发展的关系

一、区域经济发展对高校科技创新的拉动作用

区域经济增长对高校科技创新的拉动作用主要体现在需求上，分别是产品需求、人才需求和研发需求。首先是产品需求的拉动。区域经济的增长促进了市场需求和产品利润的增长，随着消费者需求的变化，对产品的创新功能和性价比提出了更高的要求。作为追逐利益的市场主体，企业自然会按照市场定位生产出更具吸引力的产品，一些缺乏自主创新能力的企业对新技术的渴望愈加明显，必然会加大对研发机构的投入。在这种情况下，高校利用企业对其创新资源的投入进行创新研发活动便促进了高校科技能力的进一步提升。其次是人才需求。伴随着区域经济规模的变大，对人才的需求就越大；一个区域的经济水平越高，对人才素质的要求就会越高。最后是研发需求的拉动。高校科技创新经费的来源比较广泛，主要来自政府部门和企业的投入。在这种情况下，为了适应快速发展的经济和科技创新需求，必须加大高校科技创新的研发投入。随着地区经济的增长，政府财政收入和高校研发经费不断提高，各地区对高校科技创新项目投入的经费持续增加，极大改善了高校科技创新环境，并在一定程度上促进了高校科技成果产出，提升了高校科技创新能力。

二、高校科技创新推动区域经济高质量发展

内生增长理论产生于20世纪80年代，提出技术进步是经济发展的决定性因素。国外有学者认为，知识积累和知识创新是引起技术进步的主要因素，内生化的技术进步促进了资本收益的递增，并推动了经济的可持续发展。知识和技术的探索与发展首先由人才能完成，然后将其运用到社会的生产活动中，转变为社会生产力，最终促进经济的高质量发展。高校作为区域创新体系中的创新源，是科研人员聚集的地方，通过对科研人才的培养，不断为区域高质量发展输送人才，为经济发展提供智力支持，因此高校的科技创新能力与区域经济高质量发展紧密相连。

高校科技创新在促进区域经济增长中发挥着重要作用。主要通过高校对已

有知识和技术进行再次创新的方式，使科技创新成果焕发新的活力，融入整个社会生产活动当中，促进地区经济的增长。从科技创新能力对产业拉动的效应来看，高校科技创新能力的提高对于拉动高新技术产业发展的速度明显高于其他产业，这充分体现了高校科技创新在经济增长中不可替代的作用。高新技术产业通过利用科技创新成果，极大地提高了生产效率，并在一定程度上带动区域经济增长，拉动整个经济系统的发展。因此高校的科技创新与区域经济增长息息相关，具有一致性的特征。

第三节　高校科技创新对区域经济发展影响机理分析

经济高质量发展是在新发展理念的基础上提出来的，高校科技创新对我国经济高质量发展的影响机理分析可以从创新驱动发展、协调发展、绿色低碳发展、开放发展、民生共享发展五个方面展开，机理分析如图 2-1 所示。

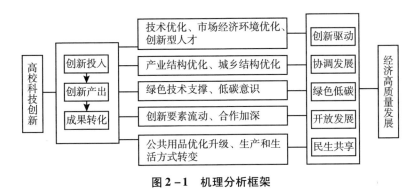

图 2-1　机理分析框架

资料来源：作者自绘。

一、高校科技创新对创新驱动影响的作用机理

创新驱动是经济高质量发展的原动力，主要通过创新主体利用创新要素在市场与制度的协同作用下进行不同的创新活动而产生。高校作为创新主体，拥有丰富的创新资源，可以通过创新资源的结合进行科技创新活动，为经济高质量发展助力。

高校科技创新对创新驱动影响的作用机理主要体现在以下两方面。（1）高校进行科技创新活动的目的在于改善市场经济环境，解决存在的社会经济问题。主要可以通过高校与其他科研机构或企业开展合作，使得科技创新成果为社会生产提供服务，促进传统的生产要素高级化，提高产品和服务的质量，促使产业结构优化升级。（2）创新驱动的核心因素是人才驱动，高质量人才能够加速技术扩散与成果应用，将先进技术运用到社会生产活动中，转变为社会生产力。

二、高校科技创新对协调发展影响的作用机理

协调发展主要包括产业结构和城乡结构两方面。经济发展的过程中，产业结构需要适应经济的发展，通过合理配置各项生产要素来调整产业结构，促进产业结构合理化，满足经济高质量发展的需求。高校科技创新活动是推动产业结构调整、完成产业结构优化和产业结构升级的重要力量。高校聚集了高水平的科技创新人才，具有丰厚的科技创新资源和基础研究成果，通过把握经济发展的需求，促进产业结构变革。一方面，高校科技创新成果在不同产业的应用会带来不同的影响，导致各产业的劳动生产率不同，从而使生产要素在不同产业中流动，产业结构趋于合理化；另一方面，高校科技创新有助于高新技术产业的发展，在一定程度上会引起主导产业发生变化，使传统产业在市场中的重要性逐渐降低，促使传统产业向现代产业转变，长线产业向短线产业转变，技术含量低的产业向技术含量高的产业转变，实现产业结构的优化升级。

高校科技创新一方面能够加速技术创新，将科技创新成果运用在乡村振兴中，为农村生产方式的转变创造良好条件，推进农村现代化建设，带动农村经济发展。另一方面通过对创新人才的培养，能够为城乡经济发展注入高素质的劳动力，与先进生产设备更好地匹配，一定程度上促进经济效率的提高。在技术创新和劳动力素质提高的双重作用下，乡村经济得到快速发展，农村的基础设施得到进一步完善，同时改善了农村居民的生活条件，城乡差距逐渐缩小，城乡发展趋向协调。

三、高校科技创新对绿色低碳发展影响的作用机理

为了达成节能减排目标，高校科技创新能够多方面助力：一方面高校为新能源研究提供技术支持，通过进行新能源相关课题研究，推进新能源、新材料的勘探和开发，并从技术层面展开能源应用研究，促进资源节约技术的应用，提高资源利用效率；另一方面高校科技创新的成果不仅产生知识创新，还可以

将节能意识和环保意识注入科研活动中，促使其研发节能环保的生产工艺，保护环境。

四、高校科技创新对开放发展影响的作用机理

国际贸易和外资引进在一定程度上能够促进经济开放发展。高校作为科研项目、科研人才的聚集地，承担着国际交流合作的重要使命。国内高校注重引进、消化先进的国外创新要素，例如成立中外合作办学联盟，促进了国内外高校创新资金、创新人才和创新技术等要素的流动。一方面创新要素在国际范围的流动是对外开放的一部分，另一方面国与国之间高校的合作有助于推进高水平科技创新活动的开展，催生更高水平的科技创新成果，为国际贸易合作打下良好基础，推动我国经济开放发展。

五、高校科技创新对民生共享影响的作用机理

习近平同志曾指出科技创新及其成果要面向经济社会发展，而不是只停留在实验室或纸面上，要将创新成果转化为经济社会发展的推动力，转化为民生福祉。

高校科技创新的出发点和落脚点是将其转化为社会生产力，所涉及的领域越来越广泛，如农业、能源、生态环保、生命科学等都取得了众多的科技创新成果，因此可以通过知识溢出和传播来推动高校科技成果为社会服务。一方面可以促进社会公共用品的优化升级，推动教育、医疗等民生领域的发展；另一方面通过促进产业结构的优化升级，改变经济发展方式，从而影响人们的生活环境，提高生活质量，实现科技让生活更美好的愿景。

第三章
高校科技创新能力综合评价

高校科技创新能力包括高校科技创新投入能力、高校科技创新产出能力、高校科技创新成果转化能力。其中，高校科技创新投入能力是核心，高校科技创新产出能力是重点，高校科技创新成果转化能力是方向和目的。

第一节　高校科技创新投入能力分析

科技创新投入能力是指高校可以投放到科技创新过程中量与质的能力，是实现科研活动的前提和动力，包含科技、人力、财力、项目等投入。一般而言，投入资源越多，创新投入能力越高，反之则越低。通常情况下，对高校科技创新投入的研究主要从科研经费、科研人员和科研项目等指标展开分析。本章数据来源于《高等学校科技统计资料汇编》（2009～2018年）。

一、科研经费投入分析

科研经费投入为高校基础设施的建设、人才培养及科研工作的开展提供了重要支撑，是高校科技创新工作的重要指标。科技经费充足是保障高校科研工作顺利开展的前提条件。近年来，我国提倡走自主创新道路，日益重视高校科技创新能力，高校的科研经费投入呈不断上升之势，选取研发投入总额作为衡量科研经费投入的指标具有重要意义。

由表3-1可知，2017年高校研发投入总额由东部、中部向西部依次递减。排名前11的东部省份有北京、广东、江苏、上海、浙江、辽宁、山东、天津，这些省份占我国东部沿海省份比例达到72.72%，特征为经济较为发达、高校分布较为集中，为地区高校科研提供了有力支持。湖北、陕西、四川等西部省份的研发投入总额排名也较为靠前，可见这些地区的高校发展迅速，研发经费投入力度较大；排名居中的省份多集中于我国中部地区，占比达到63.64%，其中重庆和广西排名较其他西部省份明显靠前；位于最后9位的地区除海南外均为西部各省份，研发投入总额较东部、中部省份仍有一定差距。

表 3－1   **2017 年各省科研投入经费**   单位：千元

省份	排名	研发投入总额	省份	排名	研发投入总额	省份	排名	研发投入总额
北京	1	18782859	黑龙江	12	2842222	云南	23	825647
广东	2	9878097	安徽	13	2650249	甘肃	24	671289
江苏	3	9357147	湖南	14	2598675	贵州	25	619799
上海	4	8922154	福建	15	2085571	内蒙古	26	440116
湖北	5	5688768	河南	16	2061777	新疆	27	427752
陕西	6	5521222	吉林	17	2039299	宁夏	28	206274
四川	7	5257999	重庆	18	2011002	青海	29	170491
浙江	8	5001957	河北	19	1348158	海南	30	139383
辽宁	9	4492904	江西	20	1265433	西藏	31	47234
山东	10	4274900	广西	21	960339			
天津	11	3100777	山西	22	880550			

    注：本书的数据来源（各年份《高等学校科技统计资料汇编》）以"千元"作为单位，本书引用该来源中的数据时，"千元"作为单位予以保留。以下以"千元"为单位的，同属此类情况。

    由图3－1可知，2008～2017年东部、中部、西部地区的研发平均投入均呈增长之势。2008～2012年，东部与中部、西部的差距变化幅度不大，2013～2017年东部地区的研发平均投入增长较为迅速，与中部、西部地区的差距逐渐扩大，中部地区研发平均投入高于西部地区，增长幅度较小；西部地区基本与中部地区呈平行上升之势，增长也较为稳定。各地区的经济发展水平导致高校科研经费的投入存在明显差距。

图3-1 2008~2017年各地区研发平均投入总额

二、科研人员投入分析

高校科技创新人员是科研活动的主要参与者，是提高科研实力的关键力量。作为高校科技创新的重要投入要素之一，研发人员的数量和能力不仅直接影响高校科技创新状况，作为区域发展的储备人才和科技创新的主力军，也对区域高质量发展作出一定贡献。因此选取研发人员数作为衡量科研人员投入的指标。

由表3-2可知，2017年研发人员数量排名靠前与靠后的省域分别集中于东部和西部，排名位于中间的较分散，三个地区均有涉及。排在前11位有7个属于东部省份，占比超过一半，排在第1位的是北京，数量为40943人，排在第2位的是上海，数量达到30100人，排在第3~7位的数量介于20000~30000区间，排在第8~11位的数量介于16000~18500区间；第12~22位的省份涉及东部、中部和西部，排在第12位的是黑龙江，数量为15844人，排在第22位的为江西，数量为7440人，二者之间差距超过1倍；位于第23~31位的省份除海南外均属于西部省份，人员数量差距更为明显，位于第23位的云南人数约为第31位西藏人数的23倍。位于最后3位的分别为海南、青海和西藏，数量对应为838人、517人、280人，均不足1000人。

表3-2   2017年各省份研发人员

省份	排名	研发人员（人）	省份	排名	研发人员（人）	省份	排名	研发人员（人）
北京	1	40943	江苏	3	29378	山东	5	25617
上海	2	30100	广东	4	28229	辽宁	6	20831

续表

省份	排名	研发人员（人）	省份	排名	研发人员（人）	省份	排名	研发人员（人）
四川	7	20277	天津	16	11625	甘肃	25	3791
浙江	8	18066	广西	17	11355	新疆	26	3418
湖南	9	17905	河北	18	10882	内蒙古	27	3359
湖北	10	17009	重庆	19	9135	宁夏	28	2354
吉林	11	16846	河南	20	8498	海南	29	838
黑龙江	12	15844	山西	21	8490	青海	30	517
安徽	13	14441	江西	22	7440	西藏	31	280
陕西	14	14035	云南	23	6386			
福建	15	12489	贵州	24	4508			

由图 3-2 可知，2008～2017 年东部、中部、西部地区的研发人员平均投入呈不同程度的增长态势，平均投入最多的是东部地区，位于中间的是中部地区，投入最少的是西部地区。2008～2017 年东部地区的研发人员平均投入从不到 15000 人发展到超过 20000 人，增长显著，尤其在 2016～2017 年呈迅猛上升之势；中部地区的研发人员平均投入基本呈上升趋势，但 2011～2013 年出现小幅波动，整体投入处于 10000～15000 人；西部地区的研发人员平均投入上升趋势不太明显，略大于 5000 人。由此发现东部、中部、西部地区的研发人员平均投入增幅不一，西部地区在研发人员平均投入方面相对匮乏。

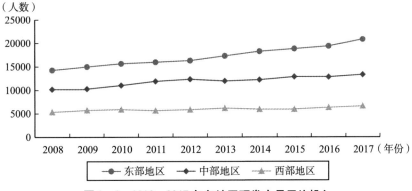

图 3-2　2008～2017 年各地区研发人员平均投入

三、科研项目投入分析

良好的科研项目是开展科研工作的关键，科研项目数量达到一定比例时能够为科研创新发展积累经验，提供参考。因此选取研发项目数量作为衡量科研项目投入的指标。

由表 3-3 可知，2017 年东部、中部、西部研发项目数量的排名差异明显，排在前 11 位的除四川、陕西、湖北外均为东部省份，占比为 72.73%，其中排在前 5 位的东部省份研发项目数量均超过 30000 项，紧随其后的 6 个省份研发项目数在 17000~30000 区间；位于第 12~22 位的包含 2 个东部省份、3 个西部省份、6 个中部省份，占比较多的集中在中部地区，其中第 12 位的安徽省项目数为 17338，第 22 位的贵州省项目数为 9354，数量差距不足 2 倍；位于第 23~31 位的除山西外均属于西部省份，排在第 23 位的云南研发人员数量约为排在 31 位西藏的 18 倍，差距明显。

表 3-3　　　　　　　　　2017 年各省份研发项目数量

省份	排名	研发项目（项）	省份	排名	研发项目（项）	省份	排名	研发项目（项）
北京	1	55880	安徽	12	17338	云南	23	8226
广东	2	43749	湖南	13	15864	甘肃	24	6114
江苏	3	37869	天津	14	13282	山西	25	5726
上海	4	33197	重庆	15	12772	内蒙古	26	5551
浙江	5	33133	广西	16	12607	新疆	27	4100
四川	6	29824	河南	17	11848	宁夏	28	2444
陕西	7	27672	河北	18	10976	海南	29	1330
山东	8	25048	吉林	19	10647	青海	30	715
湖北	9	23323	江西	20	10378	西藏	31	463
辽宁	10	18968	黑龙江	21	10323			
福建	11	18031	贵州	22	9354			

由图 3-3 可知，2008~2017 年东部、中部、西部地区的研发项目平均投入呈同步增长态势。东部地区的研发项目平均投入从 10000 项增长到超过

15000 项，基本保持线性增长；2008～2011 年中部地区的研发项目平均投入与东部地区保持相同的增长趋势，2012～2016 年略超过东部地区，从 2017 年开始明显超过东部地区，且呈显著向上发展的态势，整体数量从略小于 10000 项到接近 20000 项；西部地区的研发项目平均投入虽小于东部、中部地区，但与东部、中部地区呈平行增长之势，变化区间为 5000～15000 项。由此可见，中部地区在研发项目上发展较为突出，有望超过东部地区；西部地区虽基础薄弱，但保持了稳定的增长。

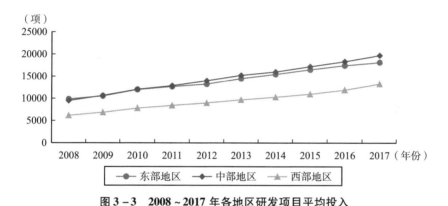

图 3－3　2008～2017 年各地区研发项目平均投入

第二节　高校科技创新产出能力分析

科技创新产出能力直接反映了高校科技创新能力的高低，是判断科研活动是否奏效的重要标准，是科技创新评价的关键指标。高校科技创新产出能力主要包括专利产出、科技论文与著作、科技进步奖等情况的研究。无论从理论还是现实来讲，创新产出是创新投入的结果。所以对我国高校科技创新发展现状的综合考量除了对创新投入方面的分析，还离不开对高校创新产出的研究。

一、专利产出分析

专利作为高校科研成果，反映了高校科技创新能力的产出状况，能够有效体现相关科研活动效率。随着国家对知识产权的保护，高校知识产权申请的数量不断增加。专利申请量虽然是衡量科技创新产出的重要指标，但仅能够反映地区的创新能力和创新意愿，而专利授权量则可以反映科技创新产出的实际成果。因此选取专利授权量作为衡量专利产出的指标。

由表3-4可知，2017年的专利产出在东部、中部、西部之间差距较大，西部省份专利产出相对较少。排在前11位的包含部分东部和中部省份，占比均衡，排名前4位的东部省份分别为江苏、浙江、北京、山东，江苏以21357项的产出数量位居榜首；排在第5位和第6位的分别是陕西和湖北，分别为9607项和8887项，发展较好；处在第7~第11位的省份专利产出在6000~8700项区间；位于第12~第22位的省份专利产出数量在2000~6100区间变化，排在第12位的安徽专利产出约为排在第22位的云南的3倍；最后9位以西部省份居多，专利产出数量较为滞后且跨度较大，第23位约为第31位的68倍。

表3-4　　　　　　　　2017年各省份专利产出

省份	排名	专利授权量 （项）	省份	排名	专利授权量 （项）	省份	排名	专利授权量 （项）
江苏	1	21357	安徽	12	6081	贵州	23	2028
浙江	2	13134	黑龙江	13	6051	甘肃	24	1666
北京	3	11391	辽宁	14	5364	山西	25	1539
山东	4	9979	重庆	15	4461	新疆	26	920
陕西	5	9607	福建	16	3938	内蒙古	27	654
湖北	6	8887	江西	17	3786	海南	28	427
广东	7	8616	河北	18	3278	宁夏	29	301
四川	8	8149	吉林	19	3275	青海	30	72
河南	9	7496	天津	20	3173	西藏	31	30
湖南	10	6635	广西	21	2593			
上海	11	6179	云南	22	2090			

由图3-4可知，2008~2017年东部、中部、西部地区的专利平均产出呈增长态势且增速逐渐加快。东部地区10年的专利平均产出呈波动性上升之势，2008~2012年增长率基本不变，2013~2014年略有下滑，2015年之后迅速上升；中部地区的专利平均产出增长速度在不同阶段同样表现出增长不一，2014年之前增长较稳定，此后增长率迅速提高，2017年较2008年增长了近10倍；

2008 年西部地区与中部地区相同，此后的每年均有一定程度的增长，但增幅小于中部地区，并且与中部地区的差距逐渐增大。由此可以发现，东部、中部、西部地区的专利平均产出差距逐年加大，东部、中部地区增长后劲较足，西部地区增长相对低迷。

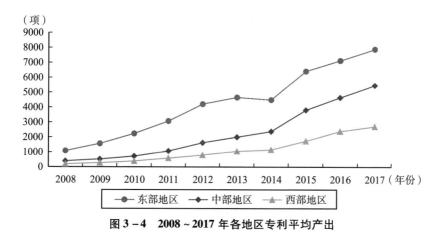

图 3 - 4　2008～2017 年各地区专利平均产出

二、科技论文产出分析

科技论文数量和专利授权数量一样，是测度高校创新产出能力不可或缺的指标之一。论文是高校科研活动中知识创造的直接产物，侧重于基础研究与理论研究，能够为未来科技创新领域的发展指明道路，是科技创新发展极为重要的推动力量。因此选取科技论文发表数衡量高校科技创新产出能力。

由表 3 - 5 可知，东部、中部、西部省份的排名较为集中，但地区内部科技论文产出数量差距较大。排在前 11 位的省份中有 7 个属于东部省份，4 个属于中部省份，按照学术论文发表数量将前 11 个省份划分为 5 个档次，北京、江苏以超过 90000 篇的数量遥遥领先，60000～70000 篇的省份有 2 个，50000～60000 篇的省份有 3 个，40000～50000 篇的省份有 2 个，最后介于 30000～40000 篇的省份有 2 个；排在第 12～第 22 位的主要以中部省份居多，数量跨度为 14000～32000 篇，位于第 12 位的是黑龙江，排在第 22 位的是山西；在最后 9 位中，88.89% 为西部省份，仅有一个东部省份，排在第 23 位的是甘肃，发表论文数量为 13175 篇，与西藏差异明显。

表 3-5 2017 年各省份科技论文产出

省份	排名	科技论文发表量（篇）	省份	排名	科技论文发表量（篇）	省份	排名	科技论文发表量（篇）
北京	1	96704	黑龙江	12	31851	甘肃	23	13175
江苏	2	92944	河南	13	28366	云南	24	11330
上海	3	67020	安徽	14	28311	内蒙古	25	10599
广东	4	62605	河北	15	25934	贵州	26	10067
湖北	5	59017	吉林	16	25193	新疆	27	10053
四川	6	52419	重庆	17	22083	宁夏	28	4986
山东	7	50086	天津	18	21366	海南	29	2256
陕西	8	49131	福建	19	17838	青海	30	2104
辽宁	9	40134	江西	20	16335	西藏	31	896
湖南	10	37965	广西	21	15083			
浙江	11	37257	山西	22	14233			

由图 3-5 可知，科技论文平均产出从东部、中部到西部地区依次递减。2008 年东部地区的科技论文平均产出约为 30000 篇，2017 年的科技论文平均产出超过 45000 篇，增长了 1.5 倍，统计期间的增速可以分为三段：2008~2011 年显著增长；2012~2014 年增长缓慢；2015~2017 年迅猛增长。中部地区的科技论文平均产出 10 年来表现出小幅增长，2008 年科技论文平均产出接近 25000 篇，2017 年平均产出近 30000 篇，平均增长 5000 篇；西部地区 10 年来的变化态势与中部地区基本一致，增幅不明显，仅从 10000 篇增长到 15000 篇。由此看出东部地区科技论文产出活力较大，中部和西部地区科技论文产出相对不足。

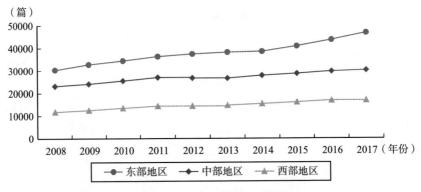

图 3-5 2008~2017 年各地区科技论文平均产出

三、科技进步奖励产出分析

在众多高校科技创新产出指标中，科技进步奖励数是对先进科技成果以及完成重大科学技术工作计划的肯定，不仅能反映高校先进科技成果的数量，更能反映高校科技创新产出质量。因此选取科技进步奖励数作为高校科技创新产出的衡量标准。

由表3-6可知，2017年部分中部省份表现突出，反超部分东部省份，而西部省份需进一步提升。排名前11位的省份有6个东部省份，5个中部省份，比重相差不大，科技进步奖励数大于200项的有6个省份，100~200项的有10个省份，湖北以264项位居首位，与位于第11位的河北差距不足2倍；第12~第22位的省份涉及东部、中部和西部，位于第12位的是湖南，数量为153项，位于第22位的是内蒙古，数量为61项；最后9个省份也涉及东部、中部、西部，排在第23位的是山西，数量为60项，位于最后三位的是青海、海南和西藏，数量分别为15项、13项、10项。

表3-6　　　　　　　　2017年各省份科技进步奖励产出

省份	排名	科技进步奖励数（项）	省份	排名	科技进步奖励数（项）	省份	排名	科技进步奖励数（项）
湖北	1	264	湖南	12	153	山西	23	60
江苏	2	252	黑龙江	13	148	江西	24	60
四川	3	213	广东	14	139	甘肃	25	53
辽宁	4	206	山东	15	123	贵州	26	50
河南	5	205	安徽	16	109	新疆	27	23
吉林	6	204	云南	17	97	宁夏	28	19
陕西	7	193	重庆	18	95	青海	29	15
上海	8	186	福建	19	93	海南	30	13
北京	9	170	广西	20	89	西藏	31	10
浙江	10	160	天津	21	66			
河北	11	158	内蒙古	22	61			

由图3-6可知，2008~2017年东部、中部、西部地区科技进步奖励平均产出处于波动变化中，且东部、中部地区科技进步奖励平均产出远高于西部地

区。东部地区的科技进步奖励平均产出近 10 年的波动较大，2014 年出现最大值，约为 160 项，其余年份在 140~160 项变动；中部地区除 2011 年呈现一个峰值外，其余年份变动不明显，整体介于 120~180 项，2011 年、2015 年、2017 年中部地区的科技进步奖励平均产出超过东部地区；2008~2017 年西部地区科技进步奖励平均产出在 60~80 项，远低于东部、中部地区；从 2014 年开始，数量略有增加，但增幅不大。由此得出东部、中部地区的科技进步奖励平均产出数值较高且并行增长，西部地区有追赶之势。

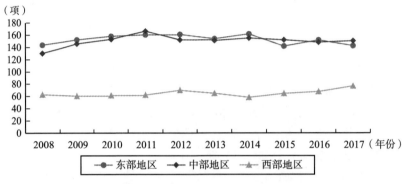

图 3-6　2008~2017 年各地区科技进步奖励平均产出

第三节　高校科技创新成果转化能力分析

科技成果转化能力是指高校把科研成果转变为生产力的能力，一定程度上反映了高校科技创新活动产生的经济效益水平及高校科技与市场经济合作的水平。研究成果转化是指利用科学和技术研发所创造的科研成果，开展进一步实验、研发、推行直到产生新的产品和挖掘新的产业等活动，主要表现形式有专利出售、技术转让等。高校科技创新的最终目的是为社会发展作出贡献，方向是将科研成果转化为社会经济效益，所以高校科技创新的最终落脚点在于科研成果转化，对于成果转化主要从专利出售收入、国际合作交流等角度展开分析。

一、专利出售收入成果转化分析

专利出售所获得的收入是高校将学术型成果转化为社会生产力并带来经济

效益的重要体现。专利出售收入是指在高校的发明成果得到国家授权后出售给第三方所得到的资金，因其能够反映高校科技成果带来的经济价值，也能间接反映出高校的科技创新效率，故作为衡量高校成果转化的指标之一。

由表3-7可知，东部、中部省份专利出售金额较大，西部省份的专利交易活动量不足。2017年专利出售收入在前11位的省份中有7个属于东部省份，4个属于中部省份，山东以75173.9万元稳居第一位，紧随其后的是北京、上海、江苏，分别为68460.9万元、28870.1万元、26415.8万元，排在第11位的是湖南，专利收入是山东的1/16；排在第12～第22位的涉及东部、中部、西部的省份，陕西和山西两个省份专利出售收入相差16倍；排在最后9位的以西部省份为主，最后三位分别是海南、西藏、青海，专利出售收入均为0，究其原因可能是该年份三个省份未发生实际的交易活动。

表3-7　　　　　　　　　2017年各省份专利出售收入

省份	排名	专利出售金额（万元）	省份	排名	专利出售金额（万元）	省份	排名	专利出售金额（万元）
山东	1	75173.9	陕西	12	4515.3	云南	23	170.5
北京	2	68460.9	河南	13	3400.8	甘肃	24	132.8
上海	3	28870.1	广东	14	3198.0	贵州	25	52.8
江苏	4	26415.8	重庆	15	2635.2	宁夏	26	25.0
四川	5	16654.4	安徽	16	1846.5	内蒙古	27	18.0
辽宁	6	12999.9	黑龙江	17	1814.4	新疆	28	16.1
浙江	7	12773.7	天津	18	1294.4	海南	29	0
湖北	8	12241.2	河北	19	1034.2	西藏	29	0
吉林	9	8333.3	广西	20	609.4	青海	29	0
福建	10	4918.8	江西	21	458.5			
湖南	11	4858.9	山西	22	277.0			

由图3-7可知，2008～2017年东部、中部、西部地区专利出售平均收入呈不同的发展趋势。东部地区的专利出售平均收入整体呈递增的趋势，2008～2015年增幅不大，基本在4000万～8000万元区间波动，但2015年之后专利

出售平均收入迅速增加，从 2015 年的不足 8000 万元变化到 2017 年接近 24000万元；2008~2017 年中部地区变化最为突出，呈"左偏态分布"发展形态，2008~2014 年较为稳定，2015 年出现峰值，基本接近 20000 万元，2016~2017 年远低于峰值，约为 4000 万元；西部地区在这 10 年间呈波浪形态变化，2008~2012 年基本与中部地区重合并保持稳定，2013 年开始出现小范围变化。由此可知东部地区专利出售平均收入持续保持较高增长，中部地区浮动较大，西部地区变化较小。

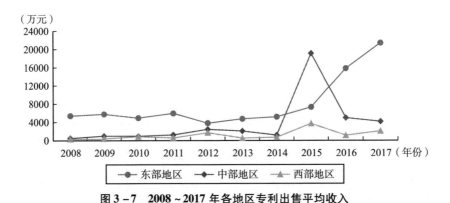

图 3 - 7　2008~2017 年各地区专利出售平均收入

二、国际交流合作成果转化分析

在开放的经济环境中，国际交流合作成果转化不仅提高了国内经济效益，也加强了国际交流合作。将科技成果置于一个更加开放的环境，有利于互利共赢，共同促进高校科技创新的开放性发展。因此选取国际合作交流派遣人数作为衡量高校科技创新成果转化的重要指标。

由表 3 - 8 可知，排名前 11 位的省份中东部省份有 6 个，中部省份有 5个，分布较均衡，排名第 1 的北京国际合作交流派遣人数达到 5268 人，排在第 11 位的辽宁为 1613 人；排在第 12~第 22 位的省份涉及东部、中部、西部，中部地区的部分省份交流人次排名靠前，部分东部地区的省份排名略靠后，派遣人数介于 696~1417 人区间；排在第 23~第 31 位的西部省份占比为88.89%，排在第 23 位的广西交流派遣人数为 649 人，排在第 31 位的内蒙古交流派遣人数为 34 人，相差约 19 倍。

表 3 – 8   2017 年各省份国际交流合作

省份	排名	国际合作交流派遣人数（人）	省份	排名	国际合作交流派遣人数（人）	省份	排名	国际合作交流派遣人数（人）
北京	1	5268	江西	12	1417	广西	23	649
上海	2	4565	陕西	13	1174	甘肃	24	364
江苏	3	4323	河南	14	1100	新疆	25	255
四川	4	3038	福建	15	1079	贵州	26	189
山东	5	2948	重庆	16	1057	青海	27	173
广东	6	2752	浙江	17	1034	宁夏	28	131
湖北	7	2482	河北	18	996	西藏	29	72
湖南	8	2098	山西	19	758	海南	30	64
黑龙江	9	2091	云南	20	753	内蒙古	31	34
安徽	10	2014	天津	21	701			
辽宁	11	1613	吉林	22	696			

由图 3 – 8 可知，2008～2017 年东部、中部地区平均国际交流合作人次增长形态基本相同，西部地区发展趋势略有下降。东部地区每年的增长幅度基本一致，表现为线性增长，变化范围为 1000～2500 人；中部地区的变化趋势与东部地区大致平行，但在 2017 年略有降低，总体变化范围为 500～2000 人；2008～2010 年西部地区的平均合作交流人次增长平稳，但 2011 年平均交流合作人次开始出现下降之势，2012 年之后，西部地区的平均交流合作人次的增长率接近 0。由此得出东部、中部地区平均合作交流人次竞相增长，西部地区则出现衰退之势。

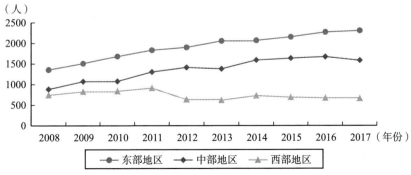

图 3 – 8   2008～2017 年各地区平均国际交流合作人次

第四章
高校科技创新能力空间演化与溢出

第一节　高校科技创新能力评价

一、指标体系构建

（一）高校科技创新能力指标选取原则

高校科技创新能力是一个多维度的有机结合体，一般包括高校科技创新投入能力、高校科技创新产出能力、高校科技创新成果转化能力等方面。通过对组成部分进行分析，可以厘清各部分的发展现状，为高校科技创新能力的评价分析打下基础。本节首先根据高校科技创新能力指标选取原则，从高校科技创新投入能力、高校科技创新产出能力、高校科技创新成果转化能力三个方面选取评价指标，构建高校科技创新能力的评价指标体系。整个指标体系包含 1 个一级目标、3 个维度和 16 个三级指标，分别对应目标层、准则层以及指标层的相关数据。

构建高校科技创新能力评价指标体系应遵循以下四个原则。

第一，系统性原则。要求指标体系将高校科技创新能力作为评价目标，保证指标选取的完整性以及评价结果的精确性，使指标体系能全面、系统、客观地反映评价对象。

第二，科学性原则。要求指标体系应符合高校科技创新活动的客观规律，所选取的指标能体现科研活动的性质、特点，指标的选择和层次的划分应准确恰当，同一层面上的指标相互独立。

第三，可比性原则。应充分考虑不同地区、不同类型高校统计指标的差异，在具体指标选择上必须满足是各地区共有的指标，使同一指标具有历史可比性，以便进行横向和纵向的比较。

第四，可操作性原则。要求评价指标既能真实反映各省域高校科技创新状况，又能通过现有统计资料和检索工具直接获取具体数据，在公正、公平、公开的基础上，保证评价结果的可信度。

在系统性、科学性、可比性、可操作性等原则的基础上，本研究将各省域高校科技创新能力分解为高校科技创新投入能力、高校科技创新产出能力、高校科技创新成果转化能力三个维度。

高校科技创新投入能力是高校投入到科技创新过程中的主要创新资源的数量与质量能力，是高校完成科技创新的必要条件和强大推动力。高校科技创新投入作为评价高校科技创新能力的维度之一，可从科技人员投入、科技项目投入以及科技经费投入三个层面来反映。其中，科技人员投入是高校科技创新能力的核心与增长动力，由研发人员数、R&D成果应用及科技服务人员数三个指标来反映；科技项目投入是高校科技创新能力的基础，由研发项目数和发展机构数两个指标来反映；科技经费投入是影响高校科技创新能力的主要因素之一，为科技创新提供有力支撑，由研发投入总额、科研事业费投入额两个指标来反映。本指标层涵盖范围较广，能准确地反映高校科技创新投入能力。

高校科技创新产出能力是指将科学知识、基础理论转化为创新技术、创新产品的能力，是衡量高校科技创新发展水平的重要标准之一，具体表现为论文著作产出、专利产出、科技进步奖励与项目验收数三方面。其中，论文著作是科技创新产出能力的重要表现形式，通过发表学术论文数、出版科技著作数来衡量；专利产出的质量是衡量高校科技创新产出持续健康发展的标准，用专利申请数与专利授权数来衡量；科技进步奖励与项目验收数是评价科研成果水平的有效砝码，用科技奖励数和国家级项目验收数来反映。

高校科技成果转化能力是指高校知识创新成果、技术创新成果的经济贡献与市场应用。将享有知识或技术创新的科技成果推广应用，促进科技进步，进而推动区域社会经济发展是科技成果转化的最高目的，也是反映高校科技创新能力的重要维度之一。在高校科技成果转化过程中，促使应用型科研项目的研究开发与市场需求相结合，加快高新技术产业化，促进经济、科技协调发展，将科技成果尽快转化为现实生产力。

（二）高校科技创新能力指标设置

基于上述四项原则与选取的评价指标构建高校科技创新能力评价指标体系。以各省域高校科技创新能力作为目标层，高校科技创新投入能力、高校科技创新产出能力以及高校科技创新成果转化能力作为准则层，16 个指标作为指标层，构建的评价指标体系如表 4 - 1 所示。

表 4 - 1 高校科技创新能力评价指标体系

目标层	准则层	指标层	指标单位
高校科技创新能力	高校科技创新投入能力	研发人员数	人
		R&D 成果应用及科技服务人员数	人
		研发项目数	项
		发展机构数	个
		研发投入总额	千元
		科研事业费投入额	千元
	高校科技创新产出能力	专利申请数	项
		专利授权数	项
		发表学术论文数	篇
		出版科技著作数	部
		科技进步奖励数	项
		国家级项目验收数	项
	高校科技创新成果转化能力	专利出售数	项
		专利出售金额	千元
		其他知识产权数	项
		国际合作交流派遣数	人次

资料来源：根据《高校科技创新能力评价比较研究》《高校科技创新能力的要素构成及评价体系研究》等相关资料整理。

二、研究方法选取与比对

（一）加权 TOPSIS 法

目前，常用的赋权法有主观赋权法和客观赋权法，主观赋权法包含层次分析法、德尔菲法（delphi method）等；客观赋权法包含主成分分析法、熵权法、变异系数法等，不同条件下各有其适用性。基于本书的研究特点，为避免权重设定的主观性，选用变异系数法作为权重的确定方法。变异系数法可以客观描述数据的均衡度和离散程度，评价指标变异系数越大，则权重越大。在指标权重确定后，选取合适的计算方法测算省域高校科技创新能力指数，其中，加权 TOPSIS 法是系统工程中常用的一种决策方法，尤其在多目标决策分析中有效性较强。其基本原理是：首先，针对指标体系中的每一个评价指标分别确定正理想解与负理想解，将其作为该评价指标的最优和最劣水平；其次，计算被评价对象与之前所选定的正理想解、负理想解的欧式距离；最后，根据公式计算被评价对象的相对贴近度，以此代表被评价对象相对于理想解的优劣程度。具体步骤如下：

假设有 m 个有限目标，n 个属性，第 i 个目标的第 j 个属性的样本取值为 x_{ij}，则由 x_{ij} 构成的初始矩阵 T 为：

$$T = \begin{bmatrix} x_{11} & x_{12} & \cdots & x_{1n} \\ x_{21} & x_{22} & \cdots & x_{2n} \\ \cdots & \cdots & \cdots & \cdots \\ x_{m1} & x_{m2} & \cdots & x_{mn} \end{bmatrix} \qquad (4-1)$$

（1）数据归一化处理。由于各项指标的量纲存在较大差异，为使各指标具有可比性，在实证研究前需要利用相对隶属度公式对初始决策矩阵进行归一化处理，得到相对隶属度矩阵 Z：

$$z_{ij} = \frac{x_{ij}}{\sum_{i=1}^{m} x_{ij}} \qquad (4-2)$$

$$Z = \begin{bmatrix} z_{11} & z_{12} & \cdots & z_{1n} \\ z_{21} & z_{22} & \cdots & z_{2n} \\ \cdots & \cdots & \cdots & \cdots \\ z_{m1} & z_{m2} & \cdots & z_{mn} \end{bmatrix} \qquad (4-3)$$

（2）变异系数法确定指标权重。确定各项指标的权重，得到 $W = (w_1, w_2, w_3, \cdots, w_n)$。其中，$V_i$、$\sigma_i$ 以及 x_i 分别为各评价指标的变异系数、标准差以及均值。

$$V_i = \frac{\sigma_i}{x_i} \qquad (4-4)$$

$$w_i = \frac{V_i}{\sum\limits_{i=1}^{n} V_i} \tag{4-5}$$

（3）构建加权的决策矩阵。以变异系数法计算得到的指标权重，建立加权判别矩阵 Y：

$$Y = W \times Z = \begin{bmatrix} w_{11} & 0 & \cdots & 0 \\ 0 & w_{22} & \cdots & 0 \\ \cdots & \cdots & \cdots & \cdots \\ 0 & 0 & \cdots & w_{mn} \end{bmatrix} \cdot \begin{bmatrix} z_{11} & z_{12} & \cdots & z_{1n} \\ z_{21} & z_{22} & \cdots & z_{2n} \\ \cdots & \cdots & \cdots & \cdots \\ z_{m1} & z_{m2} & \cdots & z_{mn} \end{bmatrix} = \begin{bmatrix} y_{11} & y_{12} & \cdots & y_{1n} \\ y_{21} & y_{22} & \cdots & y_{2n} \\ \cdots & \cdots & \cdots & \cdots \\ y_{m1} & y_{m2} & \cdots & y_{mn} \end{bmatrix}$$

$$\tag{4-6}$$

（4）评估待测目标的正负理想解。y_i^+ 和 y_i^- 分别代表正负理想解。

$$y_i^+ = \max_{1 \leq j \leq n} (y_{ij}) \tag{4-7}$$

$$y_i^- = \min_{1 \leq j \leq n} (y_{ij}) \tag{4-8}$$

（5）计算被评价对象与正、负理想解的欧式距离：

$$d_i^+ = \sqrt{\sum_{j=1}^{n} (y_{ij} - y_j^+)^2} \tag{4-9}$$

$$d_i^- = \sqrt{\sum_{j=1}^{n} (y_{ij} - y_j^-)^2} \tag{4-10}$$

（6）确定省域高校科技创新能力指数。计算被评价对象与理想解的相对贴近度 L_i，即省域高校科技创新能力指数。

$$L_i = \frac{d_i^-}{d_i^+ + d_i^-}, \ i = 1, 2, \cdots, m \tag{4-11}$$

L_i 的取值介于 0 和 1 之间，L_i 值越大，即越趋近于 1，表示该评价对象越接近最优水平；当 $L_i = 1$ 时，表示被评价对象达到最优水平。

（二）时序加权法

由于高校科技创新系统是随时间变化呈现出不同属性特点的系统工程，不同时间点的评价指标需要随着子系统的时间序列变化适时调整，即对综合评价体系所包含的各指标进行动态化处理，即通过时序加权评价方法进行动态化处理：定义 $< \mu_i, a_i > (i = 1, 2, \cdots, n)$ 为时序加权平均（TOWA）算子，μ_i 为时间诱导分量，a_i 为数据分量，时序加权平均（OWA）算子为：

$$F = (< \mu_1, a_1 >, \cdots, < \mu_i, a_i >) \tag{4-12}$$

对指标体系进行动态评价的首要问题是计算时间权向量。时间权向量 $\omega = (\omega_1, \omega_2, \cdots, \omega_n)^T$ 表明对不同时间节点的重视程度，本书运用规划模型进行求解。首先定义时间权向量的熵 I 和"时间度"λ 公式：

$$I = -\sum_{k=1}^{p} \omega_k \ln\omega_k \qquad (4-13)$$

$$\lambda = \sum_{k=1}^{p} \frac{p-k}{p-1}\omega_k \qquad (4-14)$$

"时间度"λ 的数值大小体现了算子集结过程中对时序的重视程度，当 λ 接近 0 时，说明评价者对近期的数据较为重视；当 λ 接近 1 时，表明评价者较为重视远期数据；当 $\lambda = 0.5$ 时，表明评价者对各时段重视程度相同。"时间度"标度如表 4-2 所示。

表 4-2　　　　　　　　　　　　　"时间度"标度参考

赋值（λ）	解释
0.1	非常重视近期数据
0.3	较重视近期数据
0.5	同等重视所用时间数据
0.7	较重视远期数据
0.9	非常重视远期数据
0.2、0.4、0.6、0.8	对应以上判断的相邻情况

资料来源：作者整理。

在"时间度"λ 给定的情况下，求解时间权向量 ω_k 如式（4-15）所示：

$$\max_z = -\sum_{k=1}^{p} \omega_k \ln\omega_k \qquad (4-15)$$

$$s.t. \begin{cases} \lambda = \sum_{k=1}^{p} \frac{p-k}{p-1}\omega_k \\ \sum_{k=1}^{p} \omega_k = 1, \omega_k \in [0,1], k=1,2,\cdots,p \end{cases}$$

运用 TOWA 算子计算最终评价值公式为：

$$h_i = F(<t_1, L_1(t_1)>, <t_2, L_2(t_2)>, \cdots, <t_n, L_n(t_n)>) = \sum_{t=1}^{n} \omega_k L_i \qquad (4-16)$$

其中，h_i 为最终评价值；$\omega = (\omega_1, \omega_2, \cdots, \omega_n)^T$ 为时间权向量；L_i 为各

时刻对应的 TOWA 对中的 $L_i(t_i)$，即不同年度高校省域科技创新能力指数。

（三）全局莫兰指数与局部莫兰指数

本研究采用 Moran's I 指数分析省域高校科技创新能力指数的空间自相关性。高校科技创新能力的空间自相关是对高校科技创新能力在不同空间单元上相互依赖程度的度量，包括全局空间自相关和局部空间自相关。全局空间自相关反映高校科技创新能力指数的邻近单元属性值在整个空间内的相似程度，而局部空间自相关反映高校科技创新能力指数在每一个空间单元的集聚特征。

Moran's I 指数介于 -1 与 1 之间，在给定显著性水平下，若 Moran's I 的值显著为正，表明高校科技创新能力空间相关性越明显；若 Moran's I 显著为负，表明高校科技创新能力存在空间差异。同时构造标准化的检验统计量 Z 检验全局空间自相关系数的显著性。反映全局空间自相关的 Moran's I 的计算公式如下所示：

$$\text{Moran's I} = \frac{\sum_{i=1}^{n} \sum_{j=1}^{n} w_{ij}(x_i - \bar{x})(x_j - \bar{x})}{S^2 \sum_{i=1}^{n} \sum_{j=1}^{n} w_{ij}} \qquad (4-17)$$

式（4-17）中：n 表示空间区域单元数量，x_i 和 x_j 分别表示区域 i 和区域 j 中的空间变量，即高校科技创新能力指数值，$\bar{x}$ 为均值，S^2 为样本方差，w_{ij} 为空间权重矩阵 W 中的元素。

局部空间自相关可以具体反映某一变量在每一个空间单元的集聚特征。由于全局 Moran's I 只能测算某一变量的空间相关性，并不能显示出具体的空间特征，为衡量某一地区的空间集聚情况，运用莫兰散点图进行局部空间自相关分析。莫兰散点图共包含四个象限，第一象限为"高-高"集聚象限；第二象限为"低-高"集聚象限；第三象限为"低-低"集聚象限；第四象限为"高-低"集聚象限。若全局 Moran's I 为正值，则较多的点集聚在第一象限和第三象限，说明全局具有正的空间相关性；若全局 Moran's I 为负值，则较多的点集聚于第二象限和第四象限，说明全局具有负的空间相关性。若观测值均匀分布在四个象限，则表明各地区之间不存在空间自相关性。

三、科技创新能力评价

（一）数据来源

针对评价指标体系包含的 16 个三级指标，本节选取了《高等学校科技统计资料汇编》中的统计数据，包含科技人力、科技机构、科技经费、科技项目、科技成果及技术转让、国际科技交流六大类统计数据。数据涉及全国31个省、自治区、直辖市，东部地区包括北京、天津、河北、辽宁、上海、江苏、浙江、福建、山东、广东、海南11个省（市）；中部地区包括山西、吉林、黑龙江、安徽、江西、河南、湖北、湖南8个省份；西部地区包括内蒙古、广西、重庆、四川、贵州、云南、西藏、陕西、甘肃、青海、宁夏、新疆12个省（自治区、直辖市）。同时收集了《中国统计年鉴》《中国科技统计年鉴》和《中国城市统计年鉴》以及各地区政府部门文件、统计公报的相关数据，数据时间跨2008～2017年共10个连续年度。同时对2008～2017年的相关指标数据进行无量纲化处理，消除原始指标单位及数量级的影响。

（二）分地区高校科技创新能力指数测算

为了研究各省份在时间维度上高校科技创新能力的发展变化，本书选取2008～2017年的数据，通过加权TOPSIS法得出东部、中部和西部地区省域高校科技创新能力指数值，结果分别如表4-3、表4-4、表4-5所示。

从表4-3可以看出，东部地区各省域的高校科技创新能力指数整体较高，内部差异也最明显。按照平均水平来看，排名靠前的有北京、江苏、上海，紧随其后的是浙江、广东、山东和辽宁，它们的共同特点是高校数量众多，高等教育程度及经济发展较好；排名稍后的是天津、河北和福建，这三个省市高校发展存在不同短板，要么数量较少，如天津和福建，要么缺乏顶尖高校对科技创新的引领作用，如河北；排名垫底的是海南，其高校科技创新能力较弱的原因与发达地区相比主要是高校数量少、科技发展相对滞后。

表4-3   **2008～2017年东部地区高校科技创新能力指数值**

省份	2008年	2009年	2010年	2011年	2012年	2013年	2014年	2015年	2016年	2017年
北京	0.77919	0.74457	0.77537	0.79892	0.76902	0.76696	0.77609	0.73235	0.78437	0.73432
天津	0.24407	0.23591	0.24854	0.20930	0.22624	0.19682	0.18212	0.17500	0.17871	0.16998
河北	0.21825	0.22592	0.23770	0.22174	0.22032	0.22004	0.20505	0.21164	0.23898	0.23658
辽宁	0.43760	0.41996	0.43782	0.43911	0.43604	0.41983	0.43213	0.41968	0.39890	0.36805
上海	0.67616	0.60761	0.59880	0.57847	0.54870	0.52568	0.50892	0.48947	0.48295	0.47144

续表

省份	2008 年	2009 年	2010 年	2011 年	2012 年	2013 年	2014 年	2015 年	2016 年	2017 年
江苏	0.67297	0.69788	0.70245	0.67693	0.68786	0.68267	0.74686	0.69285	0.72344	0.71018
浙江	0.51789	0.51515	0.46734	0.45995	0.35911	0.33856	0.37658	0.40873	0.38013	0.39381
福建	0.16521	0.24641	0.16434	0.15327	0.16058	0.16793	0.18541	0.19365	0.21735	0.21903
山东	0.43657	0.43087	0.41861	0.41377	0.40346	0.39530	0.42598	0.41875	0.36767	0.44606
广东	0.46466	0.46452	0.42761	0.41166	0.42606	0.38260	0.41189	0.43791	0.49105	0.51058
海南	0.02549	0.02770	0.03533	0.03534	0.04088	0.03275	0.04029	0.02425	0.01976	0.02139

资料来源：通过加权 TOPSIS 法计算得出。

从表 4-4 可以看出，中部地区各省域的高校科技创新能力指数值整体比东部地区低，内部差异在三大地区中也最小。具体来说，湖北在中部地区属于高校科技创新能力较突出的省份，其实力在全国来看也处于中上游，拥有华中科技大学和武汉大学等科研实力雄厚的顶尖高校及众多实力强的高校；紧随其后的是黑龙江、安徽、河南、湖南和吉林，五省的科技创新能力相近，这得益于理工院校较强的科研能力和发达的工业经济；排名最后的是山西，高校科技创新能力较弱，原因与海南类似。

表 4-4　　　　　　**2008～2017 年中部地区高校科技创新能力指数值**

省份	2008 年	2009 年	2010 年	2011 年	2012 年	2013 年	2014 年	2015 年	2016 年	2017 年
山西	0.14130	0.13000	0.13058	0.14471	0.12568	0.11304	0.09835	0.09544	0.11528	0.11892
吉林	0.25370	0.23140	0.28482	0.28054	0.29893	0.24537	0.25561	0.26515	0.26052	0.25693
黑龙江	0.35657	0.33311	0.35009	0.38182	0.40454	0.41593	0.39361	0.37244	0.33544	0.29319
安徽	0.31912	0.30317	0.30721	0.28342	0.32912	0.32670	0.31162	0.35222	0.28672	0.26348
江西	0.14393	0.12215	0.11815	0.12061	0.12683	0.12285	0.13502	0.14324	0.15094	0.15648
河南	0.27927	0.28250	0.24158	0.27626	0.25436	0.23452	0.24351	0.23565	0.26888	0.33349
湖北	0.47587	0.46070	0.45735	0.46587	0.47645	0.42934	0.44005	0.47787	0.45745	0.48552
湖南	0.27811	0.28367	0.31178	0.32420	0.35110	0.39984	0.32491	0.31414	0.33057	0.31666

资料来源：通过加权 TOPSIS 法计算得出。

从表 4-5 可以看出，西部地区高校科技创新能力整体最弱、差异最大。其中，四川省高校科技创新能力在全国范围内处于中上水平，陕西、重庆高校科技创新能力在西部地区表现强劲，三地得益于各自拥有四川大学、西安交通大学和重庆大学等数所顶尖实力高校，且高校数量较多；广西、云南和西藏在高校科技创新上虽然排名靠后，但整体发展较稳定；宁夏、新疆、贵州和内蒙古与其他省区差距较大，在高校科研创新上需要国家及社会的进一步扶持，特别是要发挥重点高校对口支援合作的优势，逐步缩小差距，实现全国高校科技创新的均衡发展。

表 4-5　　　　　　2008～2017 年西部地区高校科技创新能力指数值

省份	2008 年	2009 年	2010 年	2011 年	2012 年	2013 年	2014 年	2015 年	2016 年	2017 年
内蒙古	0.08090	0.07071	0.07149	0.07516	0.07588	0.07513	0.08322	0.07504	0.09300	0.09274
广西	0.15566	0.16153	0.15061	0.17029	0.17951	0.17272	0.14859	0.15058	0.17113	0.17310
重庆	0.20579	0.22470	0.25930	0.22388	0.20950	0.18025	0.17304	0.28810	0.18806	0.20124
四川	0.42505	0.40059	0.39598	0.37766	0.42388	0.32254	0.36526	0.34112	0.36479	0.40096
贵州	0.05673	0.05912	0.06553	0.06405	0.07173	0.07227	0.07378	0.08545	0.08979	0.09708
云南	0.11812	0.12612	0.11730	0.12707	0.15412	0.15548	0.13415	0.15207	0.16049	0.14550
西藏	0.11405	0.00108	0.00135	0.00112	0.00043	0.00091	0.00097	0.00465	0.00135	0.00217
陕西	0.39037	0.37655	0.39731	0.39917	0.39378	0.37652	0.40294	0.41324	0.39291	0.39554
甘肃	0.10103	0.08095	0.09921	0.10235	0.11532	0.09250	0.09472	0.09524	0.10682	0.08669
青海	0.03133	0.02498	0.02554	0.02260	0.03322	0.02014	0.01905	0.01371	0.01153	0.01180
宁夏	0.06470	0.02878	0.03165	0.03844	0.03106	0.03056	0.03467	0.03493	0.05353	0.04444
新疆	0.06062	0.05860	0.07477	0.06833	0.07442	0.08421	0.06225	0.07335	0.07434	0.04696

资料来源：通过加权 TOPSIS 法计算得出。

（三）各省域时序加权的高校科技创新能力综合指数测算

经征求相关专家意见后，取"时间度" $\lambda = 0.1$ 适宜，通过线性规划模型测算时间权向量 ω，结果如下：

$$\omega = (0.0007, \ 0.0014, \ 0.0029, \ 0.0061, \ 0.0127, \ 0.0268, \ 0.0564,$$
$$0.1186, \ 0.2495, \ 0.5250)^{\mathrm{T}}$$

为突出时间权重影响效果，将加权 TOPSIS 法得到的评价指数的各年度相对重要程度分别赋予不同的时间权重，最终测算出各高校科技创新能力综合指数。

如图 4-1 所示，拥有高校数量较多的北京和江苏高校科技创新能力综合指数值大于 0.7，处于领先位置，优势明显；经济、科技和教育发达且对创新需求旺盛的上海、广东和湖北高校科技创新能力综合指数紧随其后，约为

0.48；山东、陕西、辽宁和四川等高校教育发展程度较高的传统地区，综合指数在 0.4 左右，处于中上游；黑龙江、安徽、河南、湖南四省指数约为 0.3，居于中游；河北、吉林、福建和重庆四个地区指数值大约为 0.21，居于中下游；其他省域高校科技创新能力综合指数较低，特别是西藏、青海和海南居于后三位，综合指数在 0.02 以下。各省域高校科技创新能力综合指数的地域差异明显，整体呈"东高西低"之势，与经济科技发展水平、高校数量规模的社会现状吻合。

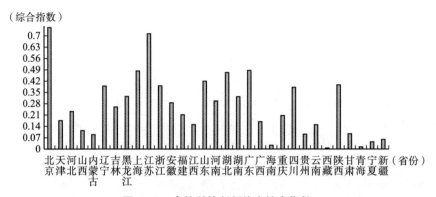

图 4-1 高校科技创新能力综合指数

第二节 高校科技创新能力空间演化

选取 2008 年、2011 年、2014 年及 2017 年四个典型时间点的高校科技创新能力指数，通过加权 TOPSIS 法计算 2008~2017 年各省域高校科技创新能力指数。由于指数值跨度较大，介于 0.00043~0.79892 区间，为了便于深入细致分析，利用 ArcGIS10.2 的自然断点法将高校科技创新能力指数值划分为 4 个等级，分别为低度创新、中度创新、较高创新和高度创新（香港、澳门及台湾地区数据未统计）。三个地区的空间分布特点如下。

第一，空间分布大致呈阶梯状。从空间分布来看，高校科技创新能力基本呈现出从东部、中部至西部逐渐递减趋势，东部地区中的北京和江苏处于高度创新水平，较为领先；以湖北省为代表的中部省份处于较高创新水平，部分中部省份属于中度创新水平；而以西藏自治区、甘肃省、青海省为代表的多数西部省份普遍处于低度水平。

第二，东部、中部、西部地区差异呈缩小趋势。在 4 个典型年份中，东部地区仅有北京和江苏保持高度创新水平,其他省份均低于该水平,以湖南为代表的部分中部省份的高校科技创新能力指数上升明显,从中度创新水平变为高度创新水平,以四川和陕西为代表的西部省份一直保持着较高创新水平,对西部地区的高校科技创新能力的提升起表率作用。虽然三个地区的高校科技创新能力指数仍存在差异,特别是东部和西部差异明显,但整体来看地区间差异有显著缩小的趋势。

第三,东部、中部、西部地区内部呈现多样化的创新发展形态。东部地区创新发展形态最齐全,4 种创新发展水平均有分布,表现为较高创新的省份数量分布最多;中部地区分布有 3 种创新形态,部分省份创新形态表现不稳定,如湖南经历了从中度创新到较高创新,最终回落到中度创新水平,而黑龙江则从较高创新降低到中度创新;西部地区主要表现为低度创新的聚集形态,部分省份如四川、陕西表现为较高创新,各省域创新等级差距较大。

一、创新能力的空间自相关性

通过测算高校科技创新能力各准则层的指数,得到全局 Moran's I 指数。从表 4 - 6 可以看出,高校科技创新投入能力的 Moran's I 均在 0.2 以下,且全部通过 5% 的显著性检验;高校科技创新产出能力的 Moran's I 在 2016 年数值最小,仅为 0.0837,2009 年数值最大,达到 0.2260,通过了 5% 显著性检验;2009 年之后 Moran's I 略有下降,但总体 Moran's I 均为正且介于 0.0837 ~ 0.2260;高校科技创新成果转化能力的 Moran's I 在 2015 年达到最大值 0.2732,通过了 5% 的显著性检验,2016 年 Moran's I 最小,仅为 0.1118,只通过 10% 的显著性检验,其余各年份也相应通过了不同程度的显著性检验。

表 4 - 6　　　　　高校科技创新能力准则层的全局 Moran's I

年份	高校科技创新投入能力		高校科技创新产出能力		高校科技创新成果转化能力	
	Moran's I	Z 值	Moran's I	Z 值	Moran's I	Z 值
2008	0.1664 **	1.8563	0.2146 **	2.1974	0.1987 **	2.1880
2009	0.1901 **	2.0875	0.2260 **	2.3111	0.2531 ***	2.6329
2010	0.1931 **	2.0682	0.2086 **	2.0314	0.1866 **	2.0820
2011	0.1645 **	1.9183	0.1602 **	1.7579	0.2156 **	2.2645

年份	高校科技创新投入能力		高校科技创新产出能力		高校科技创新成果转化能力	
	Moran's I	Z 值	Moran's I	Z 值	Moran's I	Z 值
2012	0. 1720 **	1. 9406	0. 1048 **	1. 2842	0. 1217 *	1. 4959
2013	0. 1559 **	1. 8176	0. 1375 *	1. 4878	0. 2046 **	2. 4253
2014	0. 1528 **	1. 8189	0. 1549 **	1. 6996	0. 1716 **	1. 9492
2015	0. 1485 **	1. 7780	0. 1290 *	1. 4406	0. 2732 **	2. 6565
2016	0. 1542 **	1. 7667	0. 0837 *	1. 0555	0. 1118 *	1. 4215
2017	0. 1597 **	1. 7911	0. 1032 *	1. 2594	0. 1501 **	1. 6991

注：***、**、*分别代表在1%、5%和10%的显著性水平下通过检验。

资料来源：Geoda 统计输出。

二、创新能力的空间自相关分析

（一）全局空间自相关分析

从表4－7可以看出，高校科技创新能力的 Moran's I 在2016年最小，仅为0.1619，通过了5%的显著性检验，2009年最大达到0.2734且通过了1%的显著性检验，2008～2011年 Moran's I 大于0.2000，且多数年份通过了1%的显著性检验，2012～2014年的 Moran's I 略有下降，但总体均为正且在0.1619～0.2734区间变化，至少通过了5%的显著性检验。2016～2017年高校科技创新能力的 Moran's I 处于上升状态，表明高校科技创新能力形成了逐渐收敛的趋势。

表4－7　　　　　　　　高校科技创新能力的全局 Moran's I

年份	Moran's I	Z 值
2008	0. 2331 ***	2. 4282
2009	0. 2734 ***	2. 6846
2010	0. 2460 ***	2. 4838
2011	0. 2038 **	2. 2754
2012	0. 1701 **	1. 8627
2013	0. 1812 **	1. 9588
2014	0. 1813 **	1. 9599

续表

年份	Moran's I	Z 值
2015	0. 2058 ***	2. 1345
2016	0. 1619 **	1. 7960
2017	0. 1873 **	2. 0264

注：*** 、** 、* 分别代表在 1% 、5% 和 10% 的显著性水平下通过检验。
资料来源：Geoda 统计输出。

（二）局部空间自相关分析

为进一步衡量局部地区的空间集聚差异，运用莫兰散点图进行局部空间自相关分析。如图 4 - 2 所示。

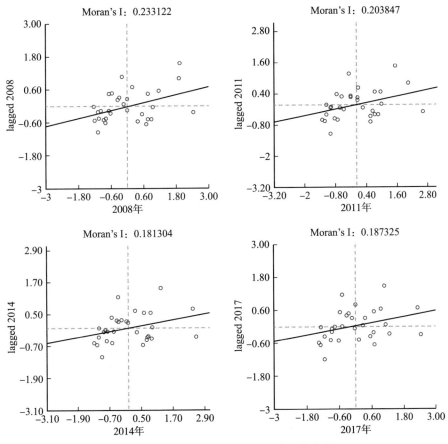

图 4 - 2　高校科技创新能力的莫兰散点图

资料来源：使用 Geoda 软件绘制而成。

从 4 个典型年份来看，各地区高校科技创新能力整体呈集聚态势，各地区的分布主要集中在第二象限和第三象限。第二象限表示高校科技创新能力指数低的地区被指数高的地区所包围，说明本区域高校科技创新能力指数较低，而邻近地区高校科技创新能力指数较高，地区间的空间差异大。各省份在三个地区中的具体表现为：东部地区中的河北作为低值区被北京和山东等高值区所包围，同样作为低值区的福建被浙江和广东等地包围；中部地区的低值区江西被高值区的安徽和湖南包围；西部地区中的甘肃被高值区的四川和陕西包围。第三象限表示高校科技创新能力指数低的地区同样被高校科技创新能力指数低的地区所包围，说明本区域和邻近地区高校科技创新能力指数较低，如西部地区的低值区贵州被云南、广西等地包围，青海、新疆、甘肃、西藏等地更是表现出连片的特点。

第三节　高校科技创新能力影响因素的空间溢出效应分析

上节通过计算高校科技创新能力指数以及空间自相关系数，重点分析了高校科技创新能力的空间特征和空间自相关性，结果显示，高校科技创新能力具有高度的空间关联性和集聚特征，高校科技创新能力的 Moran's I 为正，且都通过了一定水平的显著性检验，说明高校科技创新能力不仅受自身条件影响，还受周边地区的影响。因此，本节将对引起这种分布特征的原因以及影响高校科技创新能力的因素做进一步分析。

一、变量选取、权重设置与模型说明

（一）变量选取

随着知识经济社会的到来，大量的实践表明高校科技创新能力是衡量一个地区核心竞争力的决定性因素。截至目前，对高校科技创新能力的来源尚未形成统一的认识，一般而言，分析高校创新能力影响因素比较常用的是将研发经费和人力资本作为投入变量，但涉及的因素不够全面，且没有考虑空间溢出的影响。本章将在高校科技创新能力体系及已有研究基础上，结合高校科技创新能力的实际内涵，拟选取高校科技创新能力（tech）作为被解释变量，科研创

新氛围（enviro）、技术市场活跃度（market）、地区经济发展水平（per）和区域对外开放度（open）等作为解释变量，对模型进行扩展和实证分析。

（1）高校科技创新能力。将前文测度的高校科技创新能力指数作为被解释变量，由高校科技创新投入能力、产出能力及成果转化能力三方面综合计算得到，三个维度共同作为高校科技创新能力的内在表现形式，是反映高校科技创新能力大小的内在因素。

（2）科研创新氛围。良好的科研创新氛围有利于提升科研人员从事创新活动的积极性，这种积极性主要来源于两个方面：一是高校作为人才培养的基地，能为所在地区不断输送高端人才，同时也担负起科技创新和学术研究的重任，尤其在知识爆炸的今天，科研创新更多地体现为人才合作的成果，只有集众人的智慧，才能更快地获得科研成果，因此团队成员互帮互助的科研氛围有助于提升高校科技创新能力，加快创新转化效率；二是加强不同科研团队之间的交流互助，让科研成果真正服务社会。直接衡量科研创新氛围存在一定的难度，考虑到如果一个地区集聚一定数量的高校，将为高校合作提供便利条件，随着互动的增加，科研创新氛围自然良好，所形成的技术创新环境与氛围促使高校创新发展进入良性轨道。因此，本书以地区高校数量来衡量科研创新氛围。

（3）技术市场活跃度。技术市场活跃度对高校科技创新能力的影响主要体现在科技成果的转化过程中。市场是高校科技创新的终极方向，只有受到市场欢迎和认可的创新活动和成果才是有生命力的，因此，市场发展程度和市场需求水平决定了科技成果转化价值。在市场发展相对成熟的情况下，较高的市场需求对科技成果转化工作具有更大的经济价值刺激，这就体现了科技成果转化的市场导向。此外，良好的市场环境能够促进高科技产业集聚，促进高校与高新技术企业快速匹配，加大对高校技术成果的需求，达成技术交易协议并签订合同，推动高校创新产品走向产业化。在高校科技成果转化环境中，市场环境是必须考虑的因素之一，高校科技成果通过各主体协同合作完成转化后，能否产生既定的社会经济效益，必须经过市场的检验。因此，本书以地区技术市场交易额占全国技术市场交易额的比重来衡量技术市场活跃度。

（4）地区经济发展水平。该变量对高校科技创新能力的影响主要体现在两个方面。第一，经济发展水平越高的地区，地方政府越重视高校科技创新，会给高校科研团队提供适宜的科研环境和办公场所，同时加快对教育及科学技术的财政性资金支持，满足高校创新所需的基本条件，促进科研成果的产出，加快科研创新成果的市场化转移。第二，地区经济发展水平决定其对于高校科技创新的需求偏好和对高校科技创新的学习吸收能力，进而决定了科技成果的输入标准和筛选倾向。经济发展水平较高的地区往往对高新技术的需求更多，有利于加快科研成果的成交速度，为科研团队带来经济效益。因此，本书以地区生产总值占全国生产总值的比重来衡量地区经济发展水平。

（5）区域对外开放度。面对全球化的时代背景以及信息的快速发展，人才、知识等创新要素已突破了地域的限制。近年来，我国高校科研活动也在积极倡导走出去，提高对外交流程度，通过与国际知名高校展开合作研究来提升我国高校的科技创新能力。虽然我国高校最近几年科研成果突出，但与国际高水平院校还存在一定的差距，国际高水平院校开展的科研活动前沿性更高、实用性更强且更富有价值空间，积极开展对外科研合作有助于提升国内高校的科研理念，促进科研成果更好地转化。通常情况下对外开放度越高的地区，国内高校开展科研合作越具有便利性，有助于提升高校科技创新能力。因此，本书以地区固定资产投资中外商投资所占比重来表示区域对外开放度。

（二）空间权重矩阵设定

在空间面板计量模型中，空间位置的属性十分重要，对整个模型发挥着一定的作用。通常来说，学者们通过构建空间权重矩阵来表征每个地区的空间位置属性，最终以空间面板回归结果的形式加以呈现。地区间的空间作用既可以是每个区域在地理空间上的联系，也可以表现为每个区域在经济、科技等方面的交流。相对来说，前者是学者们在对空间相互作用进行测度和分析时较多使用的方法，在运用这种方法测度空间相互作用的时候，又可以细分为基于邻接标准和基于地理距离标准的空间权重矩阵，两种空间权重矩阵也存在相应的差异性。

基于邻接标准的空间权重矩阵是指将距离最近的 $k(k=1, 2, \cdots, 31)$ 个单元设为相邻，两单元相邻则空间权重矩阵的元素赋值为 1，否则为 0，构成空间权重。虽然广东省与海南省在地理位置上不相邻，但广东省与海南省存在科技活动的交流与人员互动，为使模型与实际相符，将两个单元的空间权重矩阵的元素赋值为 1。公式表示如下：

$$W_{ij} = \begin{cases} 1 & \text{区域 i 和区域 j 相邻} \\ 0 & \text{区域 i 和区域 j 不相邻} \end{cases} \quad i=1, 2, \cdots, 31; j=1, 2, \cdots, 31$$

$$(4-18)$$

基于距离标准的权重矩阵的主要表现形式是地理距离，即两个区域间的地理距离越近，相互之间的相关性就越强，随着地理距离的扩大，相关性会逐步减弱。其中，区域 i 与区域 j 的距离满足：当 $i \neq j$ 时，$w_{ij} = 1/d_{ij}$；当 $i=j$ 时，

$w_{ij} = 0$，d_{ij}是基于不同地区所在的经纬度数据计算得出的地区间的球面距离。公式表示如下：

$$W_{ij} = \begin{cases} \dfrac{1}{d_{ij}} & i \neq j \\ 0 & i = j \end{cases} \quad i = 1, 2, \cdots, 31; \ j = 1, 2, \cdots, 31 \quad (4-19)$$

如果仅从理论层面分析，基于地理距离标准构建的空间权重矩阵更加科学和合理。可这种矩阵在实际运用中还存在较多的问题，一是基于地理距离标准构建的空间权重矩阵会因距离的增加使得区域间的空间溢出效应衰减过快，不能真实反映区域间的空间溢出效果；二是在对诸如社会距离、经济距离等类似指标进行数据收集时往往存在难以获取的问题。综上所述，结合两种矩阵的适用性和本书的研究内容，选择构建空间邻近矩阵为接下来的空间建模奠定基础。

（三）空间面板计量模型说明

目前比较常用的空间面板计量模型主要有空间自回归模型（SAR）、空间误差模型（SEM）和空间杜宾模型（SDM）。前两种模型分别考虑了被解释变量、误差项的空间相关性，而空间杜宾模型同时考虑了各解释变量和被解释变量的空间相关性，更具有代表性。

空间自回归模型将高校科技创新能力的空间效应纳入模型，预估高校科技创新能力在受到本区域高校创新影响的同时，也将受到来自周边区域高校的影响。空间自回归模型的数学表达式如下：

$$Y = \alpha + \rho WY + \beta X + \varepsilon \quad (4-20)$$

Y 为因变量，α 为常数项，ρ 为空间自回归系数，也就是表示因变量空间滞后项的待估计参数，用来度量地理上邻近地区的空间溢出效应，W 为空间权重矩阵，WY 为空间滞后变量，β 为自变量对因变量的影响，X 为自变量，ε 为随机误差项。

空间误差模型通过扰动误差项中的空间依赖作用来体现观测单元之间的相互影响，该模型主要应用于各省域因所处的相对位置不同而存在差异的情况。空间误差模型的数学表达式如下：

$$Y = \alpha + \beta X + \varepsilon \quad (4-21)$$

$$\varepsilon = \lambda W \varepsilon + \mu \quad (4-22)$$

Y 为因变量，α 为常数项，β 为自变量对因变量的影响，X 为自变量，ε 为随机误差项，λ 为误差项的空间自相关系数，W 为空间权重矩阵，μ 为正态分布的随机误差项。

空间杜宾模型充分考虑了解释变量和被解释变量的空间相关性，不仅能测算本地区解释变量对高校科技创新能力的影响，还可测算解释变量对邻近地区的影响。空间杜宾模型的数学表达式如下：

$$Y = \alpha + \delta WY + \beta X + \gamma WX + \varepsilon \qquad (4-23)$$

Y 为因变量，α 为常数项，δ 为因变量空间滞后项的空间自回归系数，W 为空间权重矩阵，WY 为因变量的空间滞后项，β 为自变量对因变量的影响，X 为自变量，γ 为自变量空间滞后项的空间自相关系数，WX 为自变量的空间滞后项，ε 为随机误差项。

二、空间计量模型设定与空间溢出的表达

长期以来经济理论中都假定空间的无关性和均值性，但实际上区域行为具有很强的地域特征，受到信息传播、知识要素流动等影响。计量经济学中的普通最小二乘法（OLS）对观测值的假设是独立不相关的，对于研究区域之间相互作用的行为存在局限性。考虑到地区之间高校创新行为的相互作用，区域的外部性会导致不同地区高校创新的要素存在溢出效应，通过空间面板计量模型把空间依赖性考虑其中，可以使结果更加精确。因此，选取空间面板计量模型对高校科技创新能力影响因素进行研究。

（一）空间计量模型设定

结合因变量与自变量所代表的实际含义，将空间自回归模型、空间误差模型、空间杜宾模型分别设置成公式，如下所示：

$$\text{lntech}_{it} = \beta_0 + \rho W \text{lntech}_{it} + \beta_1 \text{lnenviro}_{it} + \beta_2 \text{lnmarket}_{it}$$
$$+ \beta_3 \text{lnper}_{it} + \beta_4 \text{lnopen}_{it} + \varepsilon_{it} \qquad (4-24)$$

式（4-24）为空间自回归模型。其中，ρ 为空间回归系数，用于衡量空间溢出程度，W 是基于邻接标准的空间权重矩阵，$W\text{lntech}_{it}$ 为空间滞后的高校科技创新能力指数，β_i 为各解释变量对高校科技创新能力产生的影响，ε_{it} 为随机误差向量。

$$\text{lntech}_{it} = \beta_0 + \beta_1 \text{lnenviro}_{it} + \beta_2 \text{lnmarket}_{it} + \beta_3 \text{lnper}_{it} + \beta_4 \text{lnopen}_{it} + \varepsilon_{it}$$
$$\varepsilon_{it} = \varphi W \varepsilon_{it} + \mu_{it} \qquad (4-25)$$

式（4-25）为空间误差模型。其中，β_i 为各解释变量对高校科技创新能力产生的影响，W 是基于邻接标准的空间权重矩阵，φ 为空间误差系数，用于

衡量样本观察值的空间依赖作用，ε_{it} 为随机误差向量，μ_{it} 为正态分布的随机误差向量。

$$lntech_{it} = \beta_0 + \rho Wlntech_{it} + \beta_1 lnenviro_{it} + \beta_2 lnmarket_{it} + \beta_3 lnper_{it} + \beta_4 lnopen_{it}$$
$$+ \gamma_1 Wlnenviro_{it} + \gamma_2 Wlnmarket_{it} + \gamma_3 Wlnper_{it} + \gamma_4 Wlnopen_{it} + \varepsilon_{it}$$

$$(4-26)$$

式（4-26）为空间杜宾模型。其中，ρ 为空间自回归系数，W 是基于邻接标准的空间权重矩阵，$Wlntech_{it}$ 为空间滞后的高校科技创新能力指数，β_i 为各解释变量对高校科技创新产生的影响，γ_i 表示空间滞后解释变量的系数，ε_{it} 为随机误差向量。

（二）空间溢出效应表达

从微观层面看，各影响变量依托于知识信息网在区域间进行扩散，从而形成对高校科技创新能力的溢出。由于知识的黏性和影响高校科技创新能力的各因素联系密切，因而限制了高校科技创新溢出的范围。从区域层面看，高校科技创新能力空间溢出的前提是存在高校科技创新能力位势差，创新能力强势地区与弱势地区存在相互交流、模仿和学习的动力，从而形成溢出。

由于空间杜宾模型同时考虑了解释变量和被解释变量的空间滞后项，其解释变量的变化不仅影响本地区高校科技创新能力，也会影响邻近地区。因此对空间杜宾模型的总效应进行分解，其中直接效应反映对本地区的影响，间接效应反映对邻近地区的影响。

地区 i 的解释变量变动对地区 i 的高校科技创新能力产生的影响称为"直接效应"（Direct），即 X_{rit} 变动所引起的 $tech_{it}$ 的边际变动。

$$Direct = \frac{\partial tech_{it}}{\partial X_{rit}} \qquad (4-27)$$

所有地区的解释变量变动对所有地区的高校科技创新能力产生的影响称为"总效应"（Total），即 X_{rt} 变动造成 $tech_{it}$ 的边际变动。

$$Total = \sum_{j=1}^{n} \frac{\partial tech_{it}}{X_{rit}} \qquad (4-28)$$

其他地区的解释变量变动对本地区的高校科技创新能力产生的影响称为"间接效应"（Indirect），又称空间溢出效应。

$$Indirect = \sum_{j=1}^{n} \frac{\partial tech_{it}}{X_{rit}} - \frac{\partial tech_{it}}{\partial X_{rit}} \qquad (4-29)$$

三、实证结果

（一）空间面板回归结果分析

本书在空间面板计量模型下，使用 OLS 模型、空间自回归模型、空间误差模型、空间杜宾模型对高校科技创新能力的影响因素进行分析。空间杜宾模型的 ρ 大于 0，且通过了 1% 的显著性检验，说明高校科技创新能力存在明显的空间溢出，即一个地区的高校科技创新能力在一定程度上会受到和它具有相似特征地区的影响。基于 Hausman 检验结果，考虑到样本时间序列较短，选择时点固定效应的空间面板模型对参数进行估计。结果如表 4－8 所示。

表4－8　　　　　　　　空间面板计量模型回归结果

变量	OLS 模型	SAR	SEM	SDM
lnenviro	0.0839 *** （10.09）	0.0373 ** （2.28）	0.0505 ** （2.55）	0.0510 *** （2.73）
lnmarket	0.0138 *** （18.93）	0.0065 ** （1.90）	0.0068 *** （4.50）	0.0061 *** （4.09）
lnper	0.0765 *** （7.63）	0.0387 *** （5.63）	0.0400 *** （6.56）	0.0460 *** （7.12）
lnopen	0.0160 *** （6.83）	0.0049 * （1.79）	0.0045 *** （2.87）	0.0049 *** （3.40）
W × lnper				－ 0.015 *** （－3.46）
ρ		0.0179 （0.53）	0.0967 ** （2.49）	0.0820 *** （2.31）
R^2	0.83	0.73	0.74	0.75
Log－likelihood		664.3706	670.5389	675.6363

注：***、**、*分别表示1%、5%和10%的置信水平，OLS 模型括号内为 t 统计量，表中 ρ 为空间滞后项的参数，SAR、SEM 以及 SDM 模型括号内为 Z 统计量。

资料来源：Eviews 统计输出。

由表4－8可知，在 OLS 模型中，科研创新氛围、技术市场活跃度、地区经济发展水平、区域对外开放度对高校科技创新能力的影响系数均为正数，且通过了显著性检验。然而，由于高校科技创新能力存在明显的空间相关性，未纳入空间效应的普通回归模型的估计系数会产生偏差。因此，将在三个空间面板计量模型中选择各影响因素结果最优且模型拟合效果较好的空间计量模型。空间杜宾模型在模型拟合效果、Log-likelihood以及模型系数的显著性等方面效果较好，因此选择空间杜宾模型所估计的结果进行分析。

科研创新氛围的回归系数为0.0510，且通过1%的显著性检验，即当科研创新氛围提高1%时，会促进高校科技创新能力提高0.0510%，说明地区高校的科研创新氛围越好，越能够有效促进科研活动的开展，加快高校科技创新能力的提升，这与理论上的预测是一致的。一般来说，科研创新氛围通过两种途径作用于高校科技创新能力，一是高校聚集科研人才，内部科研团队积极互助，二是不同科研团队之间的交流合作、互动往来。高校科技创新更多地体现为人才合作的成果，单枪匹马是难以突破科研难题的，只有集众人的智慧，才能加快科研成果落地，因此良好的科研创新氛围有助于提升高校科技创新能力。

技术市场活跃度通过了1%的显著性检验，回归系数为0.0061，说明技术市场活跃度提高1%时，高校科技创新能力提高0.0061%，再次验证了技术市场活跃度是高校科技创新能力的积极影响因素。在经济价值的驱动下，技术市场越活跃，科技创新成果转化越快，使得高校科技创新成果有效落地。一方面，以市场为导向，技术的市场需求越多，企业与高校的科研合作越多，高校为此转化的科技产品就越多，与高新技术企业进行有效对接，推动高校创新成果产业化发展。另一方面，技术市场活跃度越高，与高校进行对接的高新技术企业种类与数量越多，越可以促进高校与高新技术企业匹配，保证科研项目立项的正确性和实用性，从源头上提高科研立项的效率。

地区经济发展水平的回归系数为0.0460，且通过了1%的显著性检验，表明地区经济发展水平提高1%时，高校科技创新能力将提高0.0460%，这说明地区经济发展水平对东部、中部、西部地区高校科技创新能力起到积极的促进作用，使得不同地区的高校创新能力加速发展。首先，近年来，东部、中部、西部地区虽然经济发展水平不一，但均有不同程度的发展，高校创新资源投入不断加大，创新人才引进规模日渐攀升，经济发展水平与高校科技能力并驾齐驱，从而出现了目前的现象。其次，经济发展水平决定了政府对高校及科研事业的重视程度，经济发展水平越高，政府对高校的财政性资金投入也会相应增加，同时不断优化科研工作基础环境，出台促进高校创新发展的相关政策，因此可以加速整个科研链条的快速发展，即从科研要素投入、科研成果产出到最后成果的市场化转移。

区域对外开放度在 1% 的显著性水平下通过了检验，回归系数为 0.0049，表明区域对外开放度提高 1% 时，会使得高校科技创新能力提高 0.0049%，说明高校在交流合作上注重国内国际两个平台，随着对外交流的深入，国内院校注重与国际高校的合作研究，各高校在本土研究的基础上，逐步加深国际热点方向的研究。无论在基础科研领域进行研究还是对前沿科学技术的应用，高校都注重"引进来"，通过消化吸收，内化为自身所掌握的科学技术，加快科研成果产出及转化，实现优秀科研成果落地，以促进成果产业化转移为方向，逐渐形成创新产品的品牌效应，最终促进高校创新研发成果"走出去"。因此对外开放度的增加，将有效提高高校科技创新能力。

（二）空间效应分解

由于空间杜宾模型同时考虑了解释变量（各影响因素）和被解释变量（高校科技创新能力）的空间滞后项，各影响因素的变化不仅影响本区域高校科技创新能力，而且也会影响到邻近地区。因此将空间杜宾模型的总效应分解为直接效应和间接效应，以此进行深入的研究。结果如表 4 - 9 所示。

表 4 - 9　　　　　　　　　　　　空间效应分解

变量	直接效应	间接效应	总效应
lnenviro	0.0521 *** （2.70）	0.0122 （1.46）	0.0644 *** （2.58）
lnmarket	0.0048 *** （3.51）	0.0015 * （1.70）	0.0077 *** （3.96）
lnper	0.0443 *** （7.25）	- 0.0324 *** （- 2.85）	0.0120 （1.00）
lnopen	0.1117 *** （4.68）	0.0011 * （1.64）	0.0060 ** （3.36）

注：*** 、** 、* 分别表示 1%、5% 和 10% 的置信水平，括号内为 Z 统计量。
资料来源：Eviews 统计输出。

科研创新氛围变动所引起的直接效应、间接效应和总效应的系数均为正，但只有直接效应和总效应通过了 1% 的显著性检验，系数分别为 0.0521 和 0.0644，说明科研创新氛围的提高显著促进了本区域高校科技创新能力。间接效应的系数为 0.0122，未通过显著性检验，表明科研创新氛围对邻近区域的高校科技创新能力产生了一定的空间溢出，但效果不大，反映出科研创新氛围更多对本地区高校科技创新能力产生正向影响。

技术市场活跃度的直接效应的系数为 0.0048，通过了 1% 的显著性检验，间接效应的系数为 0.0015，通过了 10% 的显著性检验，总效应的系数为 0.0077，同样也通过了 1% 的显著性检验。说明技术市场活跃度对本地区高校科技创新能力产生显著的促进作用，对邻近地区的高校科技创新能力也产生一定的空间溢出作用，但对本地区的作用要强于对邻近地区的作用。

地区经济发展水平的直接效应的系数为 0.0443，间接效应的系数为 −0.0324，均通过了 1% 的显著性检验，说明地区经济发展水平对本地区高校科技创新能力产生显著的促进作用，同时对邻近地区的高校科技创新资源产生明显的磁吸效应，即对邻近地区高校科技创新能力产生抑制作用。总效应的系数为 0.012，未通过显著性检验，说明地区经济发展水平对本地区高校科技创新能力的促进作用刚好抵消对邻近地区的抑制作用，使得总效应为正，但不显著。

区域对外开放度的直接效应的系数为 0.1117，通过了 1% 的显著性检验，间接效应的系数为 0.0011，通过了 10% 的显著性检验，总效应的系数为 0.0060，通过了 5% 的显著性检验，说明区域对外开放度对本地区高校科技创新能力产生显著的促进作用，对邻近地区产生一定的空间溢出作用，但对本地区的作用效果要大于对邻近地区的作用效果。体现出区域间高校科技创新互利合作的重要性，高校学术及科研开放程度越高，交流越频繁，越有利于促进本地区高校科技创新能力的提高，并带动相关地区高校科技创新能力的提升。

（三）模型稳健性检验

为了进一步检验研究结果的稳健性并尽可能消除模型可能存在的内生性问题，在原置信水平下进行如下处理：一方面，表 4−9 不仅阐述了空间杜宾模型的估计结果，为增强结果的准确性，还列出了空间自回归模型和空间误差模型的估计结果，也估计了科研创新氛围、技术市场活跃度、地区经济发展水平和区域对外开放度等解释变量对高校科技创新能力的影响效果，虽然估计结果的系数有所差异，但方向并没有发生改变，使得模型的估计结果更加准确可靠。另一方面，在增加了部分变量如财政资金支持力度后进行空间面板回归分析，结果仍显示空间杜宾模型在拟合效果、Log-likelihood 以及模型系数的显著性等方面效果较好，表明模型选择合理、研究结果可靠。

第五章
京津冀地区高校科技创新的测度与分析

第一节　京津冀地区高校科技创新比较分析

要对京津冀高校科技创新能力的发展现状进行系统分析，首先要分析京津冀地区高校发展的基本情况，从高校的科技创新人力、财力的投入和高校的科技创新产出两个方面分析京津冀高校科技创新的发展现状；其次对比京津冀地区在投入与产出上的差距，分析高校科技创新在京津冀地区发展中存在的问题。

一、京津冀地区高校时空分布

首先，对北京市、天津市、河北省的高校基本情况进行了解，包括京津冀地区高校的数量和招生人数等。其次对 2008 ~ 2017 年北京市、天津市、河北省的高校数量和历年招生人数进行分析，基本情况详见表 5 - 1。

表 5 - 1　　　　　　　京津冀地区高校发展基本情况

年份	北京市学校数（所）	天津市学校数（所）	河北省学校数（所）	北京市招生数（人）	天津市招生数（人）	河北省招生数（人）
2008	82	45	87	157238	118500	339500
2009	88	55	109	158992	125200	332300
2010	89	55	110	155228	133100	346500
2011	89	55	112	157543	133100	350500

年份	北京市学校数（所）	天津市学校数（所）	河北省学校数（所）	北京市招生数（人）	天津市招生数（人）	河北省招生数（人）
2012	91	55	113	162042	141900	342300
2013	89	55	118	163081	143700	346900
2014	89	55	118	160056	145400	342000
2015	90	55	118	152741	145000	350800
2016	91	55	120	154715	146144	380700
2017	92	57	121	153028	146800	392400

资料来源：根据 2009~2018 年《北京统计年鉴》《河北经济年鉴》《天津统计年鉴》和《高等学校科技统计资料汇编》等相关资料整理。

由表 5-1 中的数据显示，北京市、天津市、河北省的高校数量基本呈现稳中有增的趋势，招生数量也呈逐年增长态势。

观察京津冀地区高校数量的变化可以发现，北京市的高校数量从 2008 年的 82 所到 2017 年的 92 所，增加了 10 所；天津市的高校数量从 2008 年的 45 所到 2017 年的 57 所，增加了 12 所；河北省的高校数量从 2008 年的 87 所，到 2017 年增加为 121 所，增加了 34 所。其中，对部属高校进行统计，北京市 23 所，天津市 2 所，河北省 2 所；对"985"高校进行统计，北京市 8 所，天津市 2 所，河北省 0 所；对"211"高校进行统计，北京市 26 所，天津市 3 所，河北省 1 所；对双一流建设高校进行统计，北京市 34 所，天津市 5 所，河北省 1 所。

观察京津冀地区高校招生人数的变化可以发现，北京市 2008 年高校招生人数为 157238 人，而 2017 年为 153028 人，呈先增加后下降的趋势，招生人数并未产生太大的变动；天津市的高校招生人数从 2008 年的 118500 人增加到 146800 人，增加了 28300 人；河北省的高校招生人数从 2008 年的 339500 人增加到 392400 人，增加了 52900 人。

北京市高校数量持续增加，但是招生人数变动不大；天津市和河北省的招生人数和高校数量都呈持续增加的趋势，但天津市高校招生人数增长的趋势更大一些。因此可以认为，北京市、天津市、河北省的高校虽然在各自的发展上存在差距，总体来说仍朝着扩张的方向发展。

二、京津冀地区高校科技创新投入分析

从京津冀高校科技创新的人力和财力的投入两方面入手，对历年发展变化

趋势进行分析。采用的数据为京津冀地区 2008~2017 年的 R&D 全时人员投入数和全年的经费投入总额，分析结果如图 5-1、图 5-2 所示。

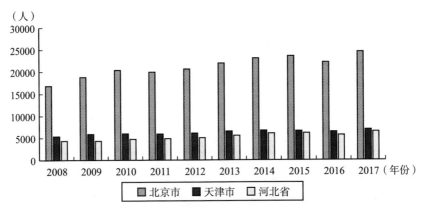

图 5-1　2008~2017 年京津冀地区高校 R&D 全时人员投入情况

资料来源：《高等学校科技统计资料汇编》（2009~2018 年）。

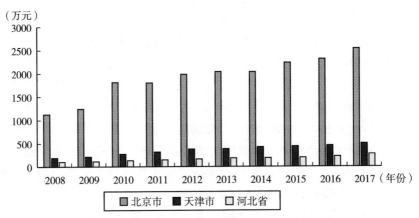

图 5-2　2008~2017 年京津冀地区高校经费投入情况

资料来源：《高等学校科技统计资料汇编》（2009~2018 年）。

由图 5-1 可以看出，北京市的高校研发全时人员从 2008 年的 16822 人到 2017 年的 24569 人，增加了 7747 人；天津市的高校研发全时人员从 2008 年的 5370 人到 2017 年的 6973 人，增加了 1603 人；河北省的高校研发全时人员从 2008 年的 4340 人到 2017 年的 6526 人，增加了 2186 人。北京市、天津市、河北省的高校人员投入基本都处于增长趋势，高校的科研人才队伍逐年壮大，科研人员的质量也在提高。北京市的高校研发全时人员数远高于天津市和河北省，甚至是天津市、河北省的 3~4 倍。北京市的部属高校众多，人员投入大，无论是从高校研发全时人员的增长速度还是从人员本身的数量上来说，天津市和河北省较北京市均有很大差距。因此，河北省和天津市在人员的投入力度上有较大的提升空间。

由图 5-2 可以看出，北京市的高校全年经费投入数从 2008 年的 1125 万元到 2017 年的 2537 万元，增加了 1412 万元；天津市的高校全年经费投入数从 2008 年的 188 万元到 2017 年的 499 万元，增加了 311 万元；河北省的高校全年经费投入数从 2008 年 101 万元到 2017 年的 271 万元，增加了 170 万元。北京市、天津市、河北省的高校经费投入基本都呈增长趋势，高校的经费投入增加利于科研活动的数量增加和质量提高。北京市的高校经费投入远高于天津市和河北省，甚至是天津市、河北省的 5~7 倍。北京市的部属高校众多，经费投入大，无论是从经费投入数额还是从数额的增长速度上来说，天津市和河北省都较北京市有很大差距。因此河北省和天津市在财力的投入力度上有较大的提升空间。

三、京津冀地区高校科技创新产出分析

高校科技创新产出能力可以通过高校所发表的科技论文数、著作数、研究获得的专利数体现。发表的科技论文数和著作数通常反映着高校的科研工作水平是否紧跟该领域的前沿发展、科技工作的开展是否处于良好状态、研究获得的专利是否符合社会需求。以上三项是衡量高校科技创新产出能力的重要指标。

从京津冀高校创新的理论产出和实践产出两方面，对京津冀地区的高校科技创新产出数量的变化趋势进行分析，结果如图 5-3、图 5-4 所示。

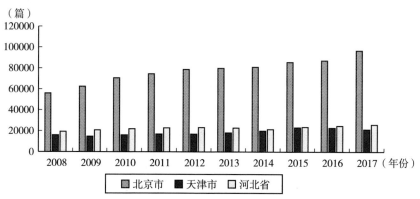

图 5-3　2008~2017 年京津冀地区的发表学术论文数

资料来源：《高等学校科技统计资料汇编》（2009~2018 年）。

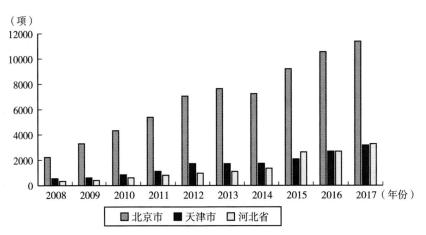

图 5 – 4 **2008 ~ 2017 年京津冀地区的专利授权数**

资料来源：《高等学校科技统计资料汇编》（2009 ~ 2018 年）。

从图 5 – 3 可以看出，北京市的高校发表学术论文数从 2008 年的 56047 篇
到 2017 年的 96704 篇，增加了 40657 篇；天津市的高校发表学术论文数从
2008 年的 15969 篇到 2017 年的 21366 篇，增加了 5397 篇；河北省的高校发表
学术论文数从 2008 年 19293 篇到 2017 年的 25934 篇，增加了 6641 篇。北京
市、天津市、河北省发表学术论文数基本都处于增长趋势，科研活动的理论产
出量增多。北京市的高校发表学术论文数远高于天津市和河北省，甚至是天津
市、河北省的 2 ~ 3 倍。北京市高校科研产出水平高，无论是从发表学术论文
的数量还是增长速度上来说，天津市和河北省都较北京市有很大差距。

由图 5 – 4 可以看出，北京市的高校专利授权数从 2008 年的 2222 项到
2017 年的 11391 项，增加了 9169 项；天津市的高校专利授权数从 2008 年的
553 项到 2017 年的 3173 项，增加了 2620 项；河北省的高校专利授权数从
2008 年 336 项到 2017 年的 3278 项，增加了 2942 项。北京市、天津市、河北
省的高校专利授权数基本都处于增长趋势，科研活动的实践产出量增多。北京
市的高校专利授权数远多于天津市和河北省，甚至是天津市、河北省的 2 ~ 3
倍。北京市的部属高校众多，高校科研实践研究产出水平高，无论是从专利授
权数还是增长速度上来说，天津市和河北省都较北京市有很大差距。

通过对京津冀地区高校基本情况的分析可以发现，河北省在高校的数量和
招生人数上呈增长趋势，与北京市、天津市的高校数量和招生人数的变化趋势
基本一致；通过对京津冀地区的高校科技创新投入进行分析发现，无论是从人
力投入还是财力投入来说，河北省的投入量都远少于北京市的投入量，与天津

市相差无几；通过对京津冀地区的高校科技创新产出进行分析发现，无论是从高校创新的理论产出还是实践产出来说，河北省的科研成果产出量都少于北京市，与天津市相差无几。造成以上结果的原因可能是北京市作为中国的首都，国家在资金和人力投入上进行了重点支持。

本节对京津冀地区高校的基本情况进行介绍，从创新投入和产出两个方面对高校的科技创新水平进行了分析，着重分析河北省与北京市、天津市的差别，并思索原因。这有利于下文在此基础上，选取科学、系统、综合的指标，建立京津冀地区高校的科技创新能力指标体系，进行更为准确的衡量，进一步分析河北省与北京市、天津市的高校科技创新能力的具体差别。

第二节　京津冀地区高校科技创新
能力综合评价

运用熵权法对京津冀"211"及省部共建的 29 所高校的科技创新绩效进行测算，首先选取合适的投入产出指标，构建高校科技创新能力评价指标体系，其次根据熵权法进行分指标权重的测算，依据指标权重再对每年的高校创新绩效得分进行测算，最后对得分进行排名。

一、高校科技创新能力评价指标体系的构建

高校科技创新能力评价指标体系是评价高校科技创新能力的工具，本节根据高校科技创新绩效实现的过程，从资源投入、研究成果、成果转化 3 个方面构建高校科技创新能力评价指标体系（见表 5－2）。

表 5－2　　　　　　　高校科技创新绩效评价指标体系

一级指标	二级指标	三级指标
资源投入	人力资源投入	教学与科研人员（人）
		科学家与工程师
		高级职称
		研发人员（人年）
		科学家与工程师

续表

一级指标	二级指标	三级指标
资源投入	人力资源投入	高级职称
		当年投入人数
	财力资源投入	科技经费（千元）
		当年拨入经费
		当年人均拨入经费
		当年支出经费
		当年人均支出经费
研究成果	论文著作	课题总数
		专著数量
		字数
		论文数量
		国外及全国性期刊发表
	成果项数	鉴定成果数
		成果授奖
		国家级奖
成果转化	技术转让	签订合同数
		当年实际收入（千元）

资料来源：根据《高校科技创新绩效影响因素分位研究》《高校科技创新能力评价比较研究》《高校科技创新能力的要素构成及评价体系研究》等相关资料整理。

　　本节以京津冀地区的"211"及省部共建的29所高校近10年的科研情况为样本，利用熵权法对指标体系赋权并对高校的科技创新能力进行评价，为提高高校的科技创新能力提供相关决策依据。

　　在信息论中，熵是对系统不确定性的一种度量。系统程度越高，熵权越小，不确定性也越小，因此含有的信息量也越大，反之熵权越大，信息量也会越少。对应到信息数据中，指标值之间的离散程度越大，相对应指标的信息熵权会越小，反映的该指标的重要程度也会越大，对综合评价的影响也越大。

熵权法是一种客观的赋权方法，通过计算指标体系中各指标的信息熵，并根据指标的相对变化程度以及对系统整体的贡献率来决定指标的权重，指标的相对变化程度大，则该指标具有较大的权重。熵权法是一种静态赋权和动态赋权相结合的方法，能够根据情况进行灵活的变通，可以根据每个指标传递给决策人的信息量和重要程度来定权重，弥补了主观赋权方法的缺点，增强评价的合理性和科学性。

熵权法的计算步骤如下：

（1）建立评价指标矩阵。假设有 n 个高校，每个高校评价指标有 m 个，x_{ij} 为第 i 个高校的第 j 个指标对应的数值（i = 1，2，…，m；j = 1，2，…，n），可以生成 m × n 阶指标特征矢量矩阵。

（2）对原始数据进行标准化。各指标的量纲、数据级均存在差异，需要对数据进行标准化处理，消除因量纲不同对评价结果产生影响。本书采用的标准化处理公式为：

$$x'_{ij} = \frac{x_i - x_{min}}{x_{max} - x_{min}}, \ 0 < p(x_{ij}) < 1 \qquad (5-1)$$

（3）计算指标值的比例，其中：

$$p_{ij} = x'_{ij} \left(\sum_{j=1}^{n} x'_{ij} \right)^{-1} \qquad (5-2)$$

（4）计算各指标的熵权：

$$h_i = -k \sum_{j=1}^{n} p_{ij} Ln(p_{ij}) \qquad (5-3)$$

其中 k > 0，且 k 与样本个数有关系，其中 k = 1/Ln(n)，h_i 的取值范围在 0 ~ 1。各评价对象的指标值间的差异越大，表明该指标对整个指标体系的贡献率越大，从而赋予的权重也应该越大。

（5）指标权重计算：

$$w_i = \frac{h_j}{\sum_{j=1}^{n} h_j}, \ j = 1，2，…，n \qquad (5-4)$$

指标的权重反映了该评级指标对总体绩效影响程度的大小。

计算评价值：

$$U = \sum_{i=1}^{n} p(x_{ij}) w_j \times 100 \qquad (5-5)$$

其中，U 为综合评价值，n 为指标个数，w_j 为 j 个指标的权重。U 越大，表示该高校的科技创新能力越高。

根据熵权法对高校科技创新绩效评价指标体系进行赋权，首先计算该指标体系的三级指标权重，并逐层线性相加得到二级指标权重和一级指标权重，如表5-3所示。

由表5-3可知，二级指标权重中人力资源投入所占权重最高，财力资源投入和论文著作所占权重基本持相同水平，技术转让的权重最低。随着年份的增长，每项所占权重的变化微乎其微。因此可知高校人才的培养和引进对高校的科技创新起到极其重要的作用。虽然财力资源投入所占权重相对人力资源较低，但是对高校的科技创新评价具有极大的影响。

表5-3 　　　　　　　　　　　　　**二级指标权重**

年份	人力资源投入	财力资源投入	论文著作	成果项数	技术转让
2008	0.318469793	0.227105235	0.227151174	0.136405811	0.090867987
2009	0.318412275	0.227138017	0.227149985	0.136318963	0.09098076
2010	0.318343868	0.227120054	0.227198251	0.136355265	0.090982563
2011	0.318364896	0.227136889	0.22717949	0.136336562	0.090982163
2012	0.31836784	0.227154292	0.227210806	0.136264181	0.091002881
2013	0.318339622	0.227156683	0.227186012	0.136339818	0.090977864
2014	0.318330758	0.227173864	0.227201324	0.136310151	0.090983903
2015	0.318439674	0.227229125	0.227061135	0.136278973	0.090991093
2016	0.318766423	0.227669707	0.227373819	0.135803051	0.090387001
2017	0.318512769	0.227295406	0.227022432	0.1362531	0.090916293

资料来源：根据熵权法计算得出。

表5-4中高校科技创新能力评价的一级指标权重显示，资源投入和研究成果所占权重远高于成果转化的权重，成果转化权重所占比例低于10%，资源投入和研究成果两者权重几乎占90%，由此可见京津冀地区的高校科技创新成果转化的能力不足。高校科技创新平台绩效评价指标体系权重见表5-5。

表 5 - 4   一级指标权重

年份	资源投入	研究成果	成果转化
2008	0.545575028	0.363556985	0.090867987
2009	0.545550292	0.363468948	0.09098076
2010	0.545463922	0.363553515	0.090982563
2011	0.545501785	0.363516052	0.090982163
2012	0.545522132	0.363474987	0.091002881
2013	0.545496306	0.36352583	0.090977864
2014	0.545504622	0.363511475	0.090983903
2015	0.545668799	0.363340108	0.090991093
2016	0.546436129	0.36317687	0.090387001
2017	0.545808175	0.363275532	0.090916293

资料来源：根据熵权法计算得出。

表 5 - 5   **高校科技创新平台绩效评价指标体系权重**

一级指标	权重	二级指标	权重	三级指标	权重
资源投入	0.564	人力资源投入	0.318	教学与科研人员（人）	0.0455
				科学家与工程师	0.0455
				高级职称	0.0455
				研发人员（人年）	0.0454
				科学家与工程师	0.0455
				高级职称	0.0455
				当年投入人数	0.0455
		财力资源投入	0.227	科技经费（万元）	0.0454
				当年拨入经费	0.0454
				当年人均拨入经费	0.0455
				当年支出经费	0.0454
				当年人均支出经费	0.0454

续表

一级指标	权重	二级指标	权重	三级指标	权重
研究成果	0.363	论文著作	0.227	课题总数	0.0454
				专著数量	0.0454
				字数	0.0454
				论文数量	0.0455
				国外及全国性期刊发表	0.0454
		成果项数	0.136	鉴定成果数	0.0454
				成果授奖	0.0454
				国家级奖	0.0455
成果转化	0.091	技术转让	0.091	签订合同数	0.0454
				当年实际收入（万元）	0.0455

资料来源：作者整理。

如表5-6所示，2008～2010年京津冀地区的29所"211"及省部共建高校的科技创新绩效得分并没有随着时间推移呈现出较大的波动，除北京大学和清华大学外，大多数院校的得分集中在3～4分，科技创新水平差距较小，但进行横向对比时则呈较大差异，出现多个峰点和谷点，峰点高校大部分属于理工类高校和综合类高校，而处于谷点的高校有中国传媒大学、中国政法大学、首都师范和河北师范大学，由此可知传媒类、政法类和师范类院校的科技创新能力较综合类和理工类院校较弱；从平均绩效得分排名可以看出，位于前10名的高校属于理工类和医科类的高校，表明理工类和医科类高校的科技创新能力比较强，排名靠后的主要为政法类、传媒类以及部分师范类高校，这些类型高校的科技创新能力比较弱。"十二五"规划强调深入实施科技兴国战略和人才强国战略，增强自主创新能力，2011年处于"十二五"的起步阶段，科技创新能力相对平稳，后续大多数高校的科技创新绩效得分呈稳步上升趋势。高校创新绩效具体排名情况见表5-7。

表5-6　京津冀地区原"211"高校及省部共建高校科技创新绩效得分

高校	2008年	2009年	2010年	2011年	2012年	2013年
北京大学	4.730	4.767	4.947	4.747	4.874	4.810
中国人民大学	2.979	2.994	3.014	2.940	2.968	2.999

续表

高校	2008 年	2009 年	2010 年	2011 年	2012 年	2013 年
清华大学	5.150	5.205	5.138	5.189	5.211	5.190
北京交通大学	3.489	3.478	3.473	3.477	3.531	3.388
北京工业大学	3.438	3.421	3.476	3.466	3.455	3.435
北京航空航天大学	4.045	3.782	3.822	3.829	3.836	3.829
北京理工大学	3.883	3.847	3.768	3.851	3.804	3.849
北京科技大学	3.756	3.621	3.580	3.646	3.687	3.641
北京化工大学	3.288	3.262	3.263	3.235	3.247	3.288
北京邮电大学	3.346	3.417	3.348	3.362	3.305	3.290
中国农业大学	3.657	3.771	3.764	3.674	3.636	3.703
北京林业大学	3.133	3.161	3.222	3.227	3.197	3.220
北京中医药大学	3.130	3.155	3.127	3.162	3.150	3.142
北京师范大学	3.303	3.358	3.322	3.374	3.396	3.333
中国传媒大学	2.986	2.978	3.003	2.961	2.936	2.977
中国政法大学	2.899	2.906	2.922	2.898	2.894	2.919
华北电力大学	3.151	3.148	3.152	3.199	3.171	3.203
中国矿业大学（北京）	3.185	3.188	3.190	3.233	3.160	3.236
中国石油大学（北京）	3.351	3.390	3.388	3.350	3.403	3.303
中国地质大学（北京）	3.228	3.232	3.245	3.312	3.214	3.226
南开大学	3.374	3.416	3.432	3.533	3.501	3.435
天津大学	3.879	3.858	3.838	3.860	3.881	3.923
天津医科大学	3.403	3.434	3.470	3.450	3.478	3.480
河北大学	3.143	3.149	3.168	3.094	3.137	3.155
河北工业大学	3.306	3.341	3.242	3.268	3.347	3.358
首都师范大学	3.024	3.006	3.027	3.003	2.985	3.038
河北师范大学	3.159	3.098	3.091	3.071	3.075	3.103
河北农业大学	3.257	3.300	3.308	3.272	3.242	3.286
燕山大学	3.327	3.316	3.260	3.317	3.279	3.241

续表

高校	2014 年	2015 年	2016 年	2017 年	平均得分	排名
北京大学	4.758	4.782	4.907	4.955	4.828	2
中国人民大学	3.008	2.983	2.921	2.971	2.978	27
清华大学	5.277	5.171	5.588	5.222	5.234	1
北京交通大学	3.469	3.430	3.491	3.475	3.470	8
北京工业大学	3.428	3.453	3.503	3.445	3.452	10
北京航空航天大学	3.819	4.049	4.023	4.057	3.909	3
北京理工大学	3.814	3.931	4.141	3.982	3.887	4
北京科技大学	3.557	3.576	3.598	3.478	3.614	7
北京化工大学	3.305	3.237	3.191	3.204	3.252	18
北京邮电大学	3.253	3.219	3.159	3.323	3.302	14
中国农业大学	3.579	3.708	3.668	3.672	3.683	6
北京林业大学	3.205	3.173	3.135	3.114	3.179	22
北京中医药大学	3.168	3.212	3.150	3.248	3.164	23
北京师范大学	3.368	3.414	3.332	3.372	3.357	12
中国传媒大学	2.967	2.958	2.887	2.949	2.960	28
中国政法大学	2.925	2.933	2.847	2.911	2.905	29
华北电力大学	3.225	3.229	3.287	3.312	3.208	21
中国矿业大学（北京）	3.226	3.203	3.233	3.309	3.216	20
中国石油大学（北京）	3.421	3.392	3.235	3.312	3.354	13
中国地质大学（北京）	3.207	3.230	3.135	3.174	3.220	19
南开大学	3.367	3.302	3.367	3.432	3.416	11
天津大学	3.920	3.888	3.932	3.879	3.886	5
天津医科大学	3.549	3.529	3.471	3.374	3.464	9
河北大学	3.166	3.128	3.071	3.087	3.130	24
河北工业大学	3.265	3.222	3.237	3.189	3.277	16
首都师范大学	3.041	3.052	2.977	3.008	3.016	26
河北师范大学	3.126	3.074	3.002	3.050	3.085	25
河北农业大学	3.335	3.317	3.298	3.272	3.289	15
燕山大学	3.254	3.207	3.217	3.228	3.265	17

资料来源：根据熵权法计算得出。

表5-7 京津冀地区原"211"高校及省部共建高校创新绩效2008~2017年排名情况

高校	2008年	2009年	2010年	2011年	2012年	2013年	2014年	2015年	2016年	2017年	平均
北京大学	2	2	2	2	2	2	2	2	2	2	2
中国人民大学	28	27	27	28	27	27	27	27	27	27	27
清华大学	1	1	1	1	1	1	1	1	1	1	1
北京交通大学	8	8	9	9	8	11	9	10	9	8	8
北京工业大学	9	10	8	10	11	9	10	9	8	9	10
北京航空航天大学	3	5	4	5	4	5	4	3	4	3	3
北京理工大学	4	4	5	4	5	4	5	4	3	5	4
北京科技大学	6	7	7	7	6	7	7	7	7	7	7
北京化工大学	17	18	16	19	17	16	15	15	19	20	18
北京邮电大学	13	11	13	13	15	15	18	19	20	13	14
中国农业大学	7	6	6	6	7	6	6	6	6	6	6
北京林业大学	24	21	20	21	20	21	22	23	22	23	22
北京中医药大学	25	22	24	23	23	24	23	20	21	18	23
北京师范大学	16	14	14	12	13	13	12	11	12	12	12
中国传媒大学	27	28	28	27	28	28	28	28	28	28	28
中国政法大学	29	29	29	29	29	29	29	29	29	29	29
华北电力大学	22	24	23	22	21	22	20	17	14	14	21
中国矿业大学（北京）	20	20	21	20	22	19	19	22	17	16	20
中国石油大学（北京）	12	13	12	14	12	14	11	12	16	15	13
中国地质大学（北京）	19	19	18	16	19	20	21	16	23	22	19
南开大学	11	12	11	8	9	10	13	14	11	10	11
天津大学	5	3	3	3	3	3	3	5	5	5	5
天津医科大学	10	9	10	11	10	8	8	8	10	11	9
河北大学	23	23	22	24	24	23	24	24	24	24	24
河北工业大学	15	15	19	18	14	12	16	18	15	21	16
首都师范大学	26	26	26	26	26	26	26	26	26	26	26
河北师范大学	21	25	25	25	25	25	25	25	25	25	25
河北农业大学	18	17	15	17	18	17	14	13	13	17	15
燕山大学	14	16	17	15	16	18	17	21	18	19	17

资料来源：作者整理。

二、京津冀地区"211"及省部共建高校投入分析

（一）京津冀高校人力投入比较分析

高校的科技人力是我国科技创新的重要支撑，是实施创新驱动发展战略的关键所在。京津冀"211"及省部共建高校科技人力的具体统计结果如表5-8所示。

从表5-8中可以看出，研发人员数排名前10位的高校依次是：北京大学、清华大学、天津大学、北京理工大学、天津医科大学、北京科技大学、南开大学、北京交通大学、北京工业大学、中国农业大学；年均研发人员占教学与科研人员百分比排名前10位的高校依次是：清华大学、北京交通大学、北京理工大学、南开大学、北京科技大学、天津大学、北京师范大学、中国矿业大学、北京工业大学、北京化工大学。根据排名分析可知，北京大学年均研发人员数排名第1位，而年均研发人员占教学与科研人员百分比排名为第24位，2个指标排名落差较大，研发人员所占比重较低。与北京大学存在相同情况的有天津医科大学、北京中医药大学、北京航空航天大学、河北工业大学。中国矿业大学年均研发人员数排名第24位，北京化工大学排名第19位，而研发人员所占比例排名中，中国矿业大学位于第8位，北京化工大学位于第10位，可见这两所高校较重视研发人员。需要特别指出的是，北京交通大学年均研发人员数排名第8位，而研发人员所占比例排名第2位，可见该高校非常重视研发人员。

表5-8　　　　　　　　2008~2017年京津冀高校科技人力状况

高校名称	教学与科研人员		研发人员		研发人员占教学与科研人员的比例	
	数量（人）	排名	数量（人）	排名	百分比（%）	排名
北京大学	13106.90	1	5780.40	1	44.10	24
清华大学	5307.50	3	4424.30	2	83.36	1
天津大学	2816.80	4	1967.50	3	69.85	6
北京理工大学	2322.00	5	1877.00	4	80.84	3
天津医科大学	7223.40	2	1714.60	5	23.74	29

续表

高校名称	教学与科研人员		研发人员		研发人员占教学与科研人员的比例	
	数量（人）	排名	数量（人）	排名	百分比（%）	排名
北京科技大学	2203.80	6	1648.50	6	74.80	5
南开大学	1827.60	10	1403.20	7	76.78	4
北京交通大学	1448.10	14	1203.60	8	83.12	2
北京工业大学	1758.90	11	1202.80	9	68.38	9
中国农业大学	1934.10	9	1135.70	10	58.72	13
北京师范大学	1408.80	15	983.20	11	69.79	7
北京中医药大学	2081.20	7	968.10	12	46.52	21
北京航空航天大学	1990.80	8	918.30	13	46.13	22
北京邮电大学	1369.60	17	788.30	14	57.56	16
河北工业大学	1603.00	12	699.30	15	43.62	26
北京林业大学	1157.40	19	678.80	16	58.65	14
华北电力大学	1399.20	16	617.40	17	44.13	23
中国石油大学	959.90	22	583.10	18	60.75	12
北京化工大学	871.70	24	573.10	19	65.75	10
河北大学	1049.80	20	540.60	20	51.50	19
中国地质大学	937.00	23	534.50	21	57.04	17
河北农业大学	1515.80	13	516.90	22	34.10	27
河北师范大学	981.80	21	477.00	23	48.58	20
中国矿业大学	557.90	26	382.10	24	68.51	8
首都师范大学	607.20	25	352.80	25	58.10	15
燕山大学	1288.30	18	331.80	26	25.75	28
中国传媒大学	434.20	27	243.90	27	56.17	18
中国人民大学	212.00	28	134.90	28	63.63	11
中国政法大学	73.40	29	32.10	29	43.73	25

资料来源：《高等学校科技统计资料汇编》（2009~2018 年）。

（二）京津冀高校经费投入比较分析

高校科研经费的投入可以反映一所高校对科研的重视程度和这所高校的科研能力。京津冀高校科技经费状况如表5-9所示。

表5-9 2008~2017年京津冀高校科技经费状况

高校名称	年均政府资金		年人均政府资金		年均企事业委托经费		年人均企事业委托经费	
	金额（千元）	排名	金额（千元）	排名	金额（千元）	排名	金额（千元）	排名
清华大学	2674107.0	1	604.41	4	1158161.00	1	1916.17	1
北京大学	2014497.4	2	348.50	13	385908.40	6	1107.33	4
北京理工大学	1314839.1	3	700.50	3	542805.20	4	774.88	7
北京航空航天大学	1087038.10	4	1183.75	1	1028417.50	2	868.78	5
中国农业大学	1026481.50	5	903.83	2	79145.70	16	87.57	22
天津大学	857891.50	6	436.03	9	579095.20	3	1328.10	3
北京工业大学	489750.20	7	407.18	12	200989.40	10	493.62	11
北京科技大学	454081.40	8	275.45	18	483097.70	5	1753.84	2
南开大学	435717.80	9	310.52	15	46896.50	19	151.03	19
北京师范大学	420364.20	10	427.55	10	69435.40	17	162.40	18
北京交通大学	364589.10	11	302.92	16	244487.80	8	807.12	6
中国石油大学	297506.10	12	510.21	6	302392.40	7	592.68	9
北京化工大学	281953.50	13	491.98	7	178019.90	11	361.84	14
中国地质大学	278587.40	14	521.21	5	92061.70	15	176.63	17
北京邮电大学	216891.10	15	275.14	19	114157.40	14	414.91	12
北京林业大学	175770.20	16	258.94	21	35930.70	20	138.76	21
首都师范大学	169229.70	17	479.68	8	9257.40	24	19.30	27
天津医科大学	142467.10	18	83.09	27	4172.70	28	50.22	25
河北农业大学	134011.60	19	259.26	20	19537.40	22	75.36	24
华北电力大学	130046.80	20	210.64	23	153197.80	12	727.31	8
燕山大学	114996.00	21	346.58	14	205200.50	9	592.07	10
中国矿业大学	110722.40	22	289.70	17	117736.50	13	406.41	13

续表

高校名称	年均政府资金		年人均政府资金		年均企事业委托经费		年人均企事业委托经费	
	金额（千元）	排名	金额（千元）	排名	金额（千元）	排名	金额（千元）	排名
河北工业大学	105123.00	23	150.33	25	47500.00	18	315.98	15
河北大学	90839.00	24	168.03	24	4763.10	27	28.35	26
北京中医药大学	79491.40	25	82.11	28	11723.10	23	142.77	20
中国人民大学	55916.50	26	414.50	11	5126.30	26	12.37	28
河北师范大学	54094.50	27	113.41	26	21543.40	21	189.97	16
中国传媒大学	17683.70	28	72.50	29	5711.50	25	78.78	23
中国政法大学	8263.30	29	257.42	22	1123.70	29	4.37	29

资料来源：《高等学校科技统计资料汇编》（2009~2018年）。

由表5-9可以看出，北京大学年均获得政府资金排名第二位，但年均企事业单位委托经费排名第6位，年人均获得政府资金和企事业单位委托经费分别排名第13位和第4位，说明科研人员的研究水平存在一定的差异。与北京大学情况类似的还有天津大学、北京工业大学、北京科技大学、南开大学、北京交通大学，这些高校应该重视整体科研队伍能力的提升，缩小研究水平差异。同以上高校形成鲜明对比的有北京航空航天大学、中国农业大学、中国石油大学、北京化工大学、中国地质大学、首都师范大学、燕山大学、中国人民大学，这些高校年人均获得政府资金排名较年均政府资金排名相对靠前，说明整体科研创新能力强，平均科研水平相对较高。清华大学、北京理工大学在科技经费投入方面比较均衡，年人均获得政府资金和企事业单位委托项目经费额都较高，说明这两所高校在资源配置方面比较合理。

三、京津冀地区"211"及省部共建高校产出分析

（一）京津冀高校专著及论文情况比较分析

高校的科技成果产出能力是评判高校科技创新能力最直接有效的方法。京津冀高校专著、学术论文情况统计结果如表5-10所示。

表5-10 2008～2017年京津冀高校专著与学术论文情况

高校名称	专著		论文		年人均论文		年均国外及全国性期刊发表		人均国外及全国性期刊	
	数量（部）	排名	数量（年均）	排名	数量（篇）	排名	数量（篇）	排名	数量（篇）	排名
北京大学	515	2	12272.00	1	12272	1	5324.1	1	0.9	11
清华大学	600	1	10321.80	2	3441	2	4150.9	3	30.8	1
天津大学	89	18	6347.40	3	3174	3	4299.6	2	1.0	10
北京理工大学	253	3	5114.90	4	1023	5	2013	5	1.7	6
北京航空航天大学	59	21	4987.00	5	1247	4	2595	4	2.2	4
北京科技大学	145	13	3895.70	6	300	9	769	13	0.8	15
中国农业大学	166	10	3697.50	7	616	6	1584.4	6	0.8	14
北京工业大学	160	11	3540.10	8	393	7	1091.3	9	0.7	18
北京邮电大学	190	7	2780.40	9	278	10	1064	10	1.9	5
华北电力大学	103	15	2642.80	10	147	14	502.7	18	0.6	19
南开大学	179	9	2593.50	11	371	8	1553.3	7	1.4	8
河北工业大学	90	17	2231.00	12	139	16	553.3	16	0.8	16
北京师范大学	229	5	2142.40	13	268	11	1192.2	8	1.2	9
燕山大学	63	20	1984.90	14	165	13	852.4	12	0.9	13
北京化工大学	44	23	1971.00	15	179	12	988	11	4.1	3
天津医科大学	233	4	1958.40	16	140	15	565.6	14	17.6	2
北京林业大学	142	14	1892.20	17	79	20	304.5	24	0.5	22
北京交通大学	184	8	1891.10	18	126	17	555.2	15	1.5	7

续表

高校名称	专著		论文		年人均论文		年均国内外及全国性期刊发表		人均国内外及全国性期刊	
	数量（部）	排名	数量（年均）	排名	数量（篇）	排名	数量（篇）	排名	数量（篇）	排名
中国地质大学	71	19	1728.00	19	82	19	402.1	21	0.7	17
北京中医药大学	219	6	1698.50	20	65	23	167.5	26	0.3	24
河北农业大学	52	22	1637.70	21	74	21	334.1	22	0.2	25
河北大学	37	25	1470.50	22	74	22	403.8	20	0.2	26
中国石油大学	97	16	1443.90	23	85	18	544.4	17	0.3	23
中国矿业大学	153	12	1256.30	24	50	24	269	25	0.5	21
首都师范大学	42	24	807.10	25	42	25	439.9	19	0.6	20
河北师范大学	34	27	729.70	26	32	26	316	23	0.9	12
中国传媒大学	13	29	464.20	27	17	27	43.9	28	0.1	28
中国人民大学	36	26	204.50	28	8	28	106	27	0.2	27
中国政法大学	21	28	59.80	29	2	29	17.6	29	0.1	29

资料来源：《高等学校科技统计资料汇编》（2009～2018）。

从表 5 - 10 可知，北京大学在学术论文发表方面居于首位，但是年人均国外及全国性期刊发表的论文量排名第 11 位，说明北京大学的科技产出能力强，但科研平均水平稍有逊色。存在类似问题的高校还有天津大学、中国农业大学和北京工业大学。与此类高校形成鲜明对比的有北京化工大学和天津医科大学，虽然年均国外及全国性刊物发表的论文量排名靠后，但人均发表量相对靠前，说明这些高校的人均科研水平高且科技产出能力相对较强。

（二）京津冀高校科技成果鉴定情况比较分析

科技成果鉴定是评价科技成果质量的重要方法，高校通过技术转让能有效加快新技术商品化、产业化的步伐，更好地服务社会，同时也为促进高校创收和提高高校的建设水平增添了一份活力。京津冀高校鉴定成果与技术转让情况具体统计结果如表 5 - 11 所示。

表 5 - 11　　　2008 ~ 2017 年京津冀高校鉴定成果与技术转让情况

高校名称	年均鉴定成果		年均签订合同		当年实际收入	
	数量（项）	排名	数量（项）	排名	金额（千元）	排名
清华大学	61.00	2	565.40	1	434285.00	1
北京理工大学	27.50	9	22.00	12	77824.40	2
北京航空航天大学	32.30	7	45.40	6	37770.60	3
北京工业大学	13.90	15	115.40	3	36311.30	4
南开大学	23.60	10	144.80	2	32802.70	5
北京大学	16.60	13	33.00	8	18397.60	6
河北农业大学	97.20	1	108.00	4	15237.40	7
河北工业大学	46.40	4	65.90	5	11879.20	8
天津大学	16.20	14	22.50	11	11817.50	9
燕山大学	33.60	6	42.40	7	11642.50	10
北京邮电大学	4.20	22	14.90	14	9210.60	11
北京化工大学	7.70	18	17.40	13	8335.80	12
中国农业大学	19.80	11	14.30	15	3297.50	13
北京科技大学	18.70	12	23.00	10	3116.00	14
河北大学	43.70	5	24.20	9	2700.30	15
北京交通大学	7.70	18	12.70	16	2018.40	16

续表

高校名称	年均鉴定成果		年均签订合同		当年实际收入	
	数量（项）	排名	数量（项）	排名	金额（千元）	排名
河北师范大学	30.50	8	7.00	18	1653.00	17
中国石油大学	10.80	16	6.90	19	1484.40	18
北京林业大学	2.50	25	7.10	17	1377.80	19
中国地质大学	4.40	21	2.40	22	1368.00	20
北京师范大学	3.40	23	2.20	23	734.40	21
华北电力大学	5.10	20	5.80	20	443.30	22
中国人民大学	0.10	27	0.20	27	250.00	23
中国矿业大学	3.00	24	4.70	21	119.50	24
天津医科大学	49.10	3	1.50	24	33.00	25
北京中医药大学	0.50	26	1.10	25	24.00	26
首都师范大学	0.10	27	0.40	26	2.50	27
中国传媒大学	9.00	17	0.20	27	0.00	28
中国政法大学	0.10	27	0.00	29	0.00	28

资料来源：《高等学校科技统计资料汇编》（2009～2018 年）。

根据表 5-11 可知，北京理工大学签订合同数排名第 12 位，但实际总收入排名第 2 位，可见该高校重视签订高额合同；河北大学签订的合同数量排名第 9 位，实际总收入排名第 15 位，这说明该高校相对较重视合同数量。需要指出的是，河北农业大学的鉴定成果数排名第 1 位，而签订合同数和实际总收入分别排名第 4 位和第 7 位，说明该校在成果转化方面的工作有待加强；河北大学、河北师范大学、天津医科大学的鉴定成果数排名比签订合同数和实际合同总收入排名靠前，说明这些高校在成果转化方面的工作有待加强；北京工业大学、南开大学、北京大学和天津大学签订合同数和实际合同总收入的排名均比鉴定成果数排名高，说明这些高校在科技成果转化方面具有优势。

（三）京津冀高校科研成果授奖情况比较分析

高校的科研成果授奖是对科研人员创造性劳动成果的肯定，既能调动科研人员的积极性，促进科技成果转化，还能推动科技进步和社会的发展。京津冀高校科研成果的授奖情况如表 5-12 所示。

表 5-12　　　　　　　2008～2017 年京津冀高校成果授奖情况

高校名称	成果授奖		国家级奖	
	数量（项）	排名	数量（项）	排名
北京航空航天大学	1028	1	185	1
河北工业大学	445	2	34	8
清华大学	432	3	93	2
中国石油大学	362	4	24	11
河北农业大学	321	5	49	5
北京邮电大学	288	6	60	3
中国传媒大学	282	7	3	21
北京大学	278	8	50	4
华北电力大学	270	9	39	6
北京林业大学	269	10	38	7
南开大学	208	11	25	10
北京工业大学	186	12	31	9
中国人民大学	154	13	1	24
河北师范大学	150	14	8	16
天津医科大学	130	15	2	23
中国政法大学	119	16	8	16
北京师范大学	98	17	6	19
中国地质大学	87	18	8	16
天津大学	85	19	12	13
北京化工大学	78	20	11	15
中国矿业大学	70	21	1	24
北京科技大学	66	22	12	13
燕山大学	63	23	16	12
首都师范大学	61	24	1	24
中国农业大学	55	25	5	20
北京中医药大学	19	26	3	21
北京理工大学	7	27	0	27
河北大学	3	28	0	27
北京交通大学	0	29	0	27

资料来源：《高等学校科技统计资料汇编》（2009～2018 年）。

根据表 5-12 中统计结果可知，北京航空航天大学和清华大学两项指标均靠前。高校的国家级奖排名比自身成果授奖排名靠后的有河北工业大学、中国石油大学、中国传媒大学、中国人民大学、河北师范大学、天津医科大学、北京师范大学和中国矿业大学，说明这些高校国家授奖占成果授奖的比例低，高质量成果相对较少。高校的国家级奖排名比自身成果授奖排名靠前的有清华大学、北京邮电大学、北京大学、华北电力大学、北京林业大学、南开大学、北京工业大学、中国地质大学、天津大学、北京化工大学、北京科技大学、燕山大学、中国农业大学、北京中医药大学，表明这些高校相对重视国家级奖的申报工作。

第三节　京津冀地区高校科技创新效率测度

运用三阶段 DEA 方法对 2008~2017 年京津冀地区"211"及省部共建 29 所高校的科技创新效率进行测度，首先选取合适的投入产出指标和外生环境指标，然后运用三阶段 DEA 方法对其科技创新效率进行测算，最后对三个阶段的实证结果进行具体分析。

一、三阶段 DEA 方法

三阶段 DEA 模型考虑了环境变量、随机误差干扰和管理无效率等外生因素对效率的影响，较传统 DEA 模型能得出更真实的效率值。

（一）第一阶段 DEA 方法

第一阶段是对投入产出数据进行传统数据包络分析，以"相对效率评价"概念为基础分析方法，分为假定规模报酬不变的 CCR 模型和假定规模报酬可变的 BCC 模型。本书根据高校科技创新效率测算的特点，采用投入导向的 BCC 模型。模型如下：

$$
\begin{cases}
\min(\theta - \varepsilon(\hat{e}^{T}S^{-} + e^{T}S^{+})) \\
\text{s. t.} \sum_{j=1}^{n} X_{j}\lambda_{j} + S^{-} = \theta X_{0} \\
\sum_{j=1}^{n} X_{j}\lambda_{j} - S^{+} = Y_{0} \\
\sum_{j=1}^{n} \lambda_{j} = 1 \\
\lambda_{j} \geqslant 0,\ S^{-} \geqslant 0,\ S^{+} \geqslant 0,
\end{cases}
\qquad (5-6)
$$

X 表示投入变量，Y 表示产出变量，S^- 为投入松弛量（冗余量），S^+ 为产出松弛量（冗余量），λ_j 为权重变量，ε 表示非阿基米德无穷小量。θ 表示科技创新效率，取值范围介于 0~1，θ 值越接近于 1，表示科技创新效率水平越高，θ 值越接近于 0，代表科技创新效率水平越低。科技创新综合效率可以分解为纯技术效率和规模效率的乘积，公式如下：

$$\theta = \theta_{PTE} \times \theta_{SE} \tag{5-7}$$

θ_{PTE} 代表纯技术效率，取值范围介于 0 到 1，纯技术效率水平反映了高校的资源配置以及科技创新资源利用水平，体现了对科技创新资源的投入和产出的影响；θ_{SE} 反映了高校的规模效率。θ_{PTE} 值为 1，则表明纯技术效率达到最优，θ_{SE} 的值为 1，表明规模效率达到最优；θ_{PTE} 和 θ_{SE} 的值越大，代表纯技术效率和规模效率水平越高。

（二）第二阶段随机前沿分析方法（stochastic froniter analysis，SFA）

传统 DEA 模型不仅能够得到效率值，还可以得到投入要素的松弛量，即投入要素的冗余量，也就是最佳效率水平下实际投入要素量与目标投入要素量的差值。受到随机扰动项、环境干扰和管理因素的影响，实际投入量与目标投入量有出入，因此为了得到更准确的效率值则要剔除这些因素的影响。随机前沿分析方法是以投入松弛量为因变量，环境变量为自变量，用得到的结果对投入要素进行调整的分析方法。第一阶段 DEA 模型选择的是投入导向型，因此选择投入松弛量为被解释变量，对投入松弛变量进行回归，确定环境变量对投入松弛量造成的影响。

将运用 DEA 方法得到的投入松弛量作为因变量，将选取的外部环境变量作为自变量，建立 SFA 模型：

$$S_{ij} = f^i\ (Z_j;\ \beta^i)\ + v_{ij} + u_{ij} \tag{5-8}$$

S_{ij} 为第 j 个高校在第 i 项投入的松弛变量，$Z_j = (Z_{1j},\ Z_{1j},\ \cdots,\ Z_{kj})$ 为 k 个环境变量，β^i 是 Z_j 的待估参数，$f^i(Z_j;\ \beta^i)$ 反映环境变量对投入松弛量的影响程度；$v_{ij} + u_{ij}$ 代表综合误差项，v_{ij} 表示随机干扰项且 $v_{ij} \sim N(0,\ \sigma_{vi}^2)$，$u_{ij}$ 表示管理无效率且服从在 0 处截断的非负正态分布，即 $u_{ij} \sim N^+(0,\ \sigma_{vi}^2)$，假定 v_{ij} 和 u_{ij} 互相独立，运用极大似然估计法估计未知参数。

在对管理无效率项进行分离时，SFA 回归的函数形式是成本函数，成本函数形式的管理无效率公式为：

$$E[u_{ij}/v_{ij} + u_{ij}] = \frac{\sigma\lambda}{1+\lambda^2}\left[\frac{\phi\left(\frac{\varepsilon_i\lambda}{\sigma}\right)}{\varphi\left(\frac{\varepsilon_i\lambda}{\sigma}\right)} + \frac{\varepsilon_i\lambda}{\sigma}\right] \tag{5-9}$$

其中 $\lambda = \sigma_u / \sigma_v$，$\varepsilon = u + v$，$\sigma^2 = \sigma_u^2 + \sigma_v^2$，$\varphi(\cdot)$ 和 $\phi(\cdot)$ 为标准正态分布的分布函数和密度函数。随机干扰项 v_{ij} 的估计值为：

$$E[u_{ij}/v_{ij} + u_{ij}] = S_{ij} - Z_j\beta^i - E[u_{ij}/v_{ij} + u_{ij}] \tag{5-10}$$

投入要素的调整公式为：

$$x'_{ij} = x_{ij} + [\max\{z_j\beta^i\} - z_j\beta^i] + [\max\{v_{ij}\} - v_{ij}] \tag{5-11}$$

式中 x'_{ij} 和 x_{ij} 分别表示调整后和调整前的要素投入量。

（三）第三阶段 DEA 方法

第二阶段 SFA 回归后得到去除环境干扰项和随机扰动项影响的要素投入量，将调整后的投入要素和之前的产出带入传统 DEA 模型进行效率值的测算。

二、指标选取

（一）投入与产出指标选取

本书选择投入和产出两个角度，以当年投入科研人数和当年人均支出经费作为衡量京津冀"211"及省部共建高校科技创新效率的投入指标，选取课题总数、专著数量和论文数量作为产出指标。

（二）环境变量指标选取

高校科技创新效率受高校内部因素和外部环境的双重影响，外部因素主要是不可控的要素，有政府支持、市场需求和学校类型三种。本书中政府支持指标采用政府对高校投入资金情况的数据，市场需求指标采用签订合同数来替代，学校类型按其对于高校综合效率的影响程度依次分为工科大学、综合大学、农林大学、医药大学、师范大学和其他类型。

三、结果分析

（一）第一阶段 DEA 实证结果分析

本部分采用的数据来自《高等学校科技统计资料汇编》（2009~2018 年）。根据 2008~2017 年京津冀地区"211"及省部共建 29 所高校的投入产出数据，运用 Deap2.1 软件，利用传统 DEA 的 BCC 模型对京津冀地区高校的经济效率进行测算，对结果进行具体分析。

1. 京津冀地区高校综合效率水平分析

第一阶段运用传统 DEA 方法测算的 2008～2017 年京津冀 "211" 及省部共建 29 所高校的综合效率值如表 5 – 13 所示。

表 5 – 13　　　　第一阶段京津冀 "211" 及省部共建高校综合效率值

高校	2008 年	2009 年	2010 年	2011 年	2012 年	2013 年	2014 年	2015 年	2016 年	2017 年
北京大学	0.962	0.932	1	1	1	1	1	1	1	1
中国人民大学	1	1	0.917	0.818	0.562	0.479	0.795	0.473	0.525	0.656
清华大学	1	1	1	1	1	1	1	1	0.864	0.930
北京交通大学	0.794	0.943	1	1	0.980	1	1	1	1	1
北京工业大学	0.724	1	1	1	1	0.984	1	0.946	0.966	0.817
北京航空航天大学	0.890	0.972	1	1	1	1	1	1	1	1
北京理工大学	0.562	0.801	0.772	0.820	0.668	0.724	0.758	0.688	0.774	0.737
北京科技大学	0.729	0.672	0.680	0.771	0.739	0.653	0.816	0.867	0.960	0.953
北京化工大学	0.979	0.775	0.869	0.909	0.747	0.886	0.771	0.540	0.558	0.473
北京邮电大学	0.903	1	1	0.849	0.785	0.786	0.766	0.972	0.943	1
中国农业大学	1	1	1	1	1	1	1	1	1	0.938
北京林业大学	0.578	0.698	0.795	1	1	1	0.998	0.964	0.784	0.448
北京中医药大学	0.916	1	0.997	1	0.835	0.926	1	1	1	1
北京师范大学	1	1	1	1	1	1	1	1	1	0.837
中国传媒大学	0.487	0.562	0.939	0.781	0.589	0.614	0.647	0.505	0.588	0.427
中国政法大学	0.409	0.836	1	1	1	0.705	0.818	1	0.671	1
华北电力大学	1	0.933	1	1	1	0.814	0.838	0.681	1	1
中国矿业大学（北京）	0.747	0.949	0.721	0.983	0.729	1	1	1	1	1
中国石油大学（北京）	0.777	0.927	0.762	0.595	0.758	0.613	0.780	0.563	0.666	0.593
中国地质大学（北京）	0.600	0.691	0.820	0.840	0.708	0.725	0.952	0.856	0.861	1
南开大学	0.521	0.538	0.625	0.709	1	0.971	0.986	0.915	0.825	0.816

高校	2008 年	2009 年	2010 年	2011 年	2012 年	2013 年	2014 年	2015 年	2016 年	2017 年
天津大学	0.895	0.779	0.746	0.913	0.738	0.875	0.960	0.969	0.947	0.688
天津医科大学	1	1	1	1	1	1	1	1	1	1
河北大学	0.620	0.689	0.849	0.837	0.641	0.666	0.702	0.757	1	0.890
河北工业大学	0.832	0.830	0.930	0.869	0.689	0.786	0.705	0.607	0.484	0.409
首都师范大学	0.590	0.630	0.714	0.809	0.837	0.817	0.859	0.708	0.831	0.598
河北师范大学	0.643	0.589	0.547	0.634	0.731	0.523	0.526	0.580	0.562	0.518
河北农业大学	1	1	1	0.894	0.841	1	1	0.496	0.532	0.542
燕山大学	0.746	0.811	0.766	1	1	0.853	0.717	0.588	0.800	0.679

资料来源：数据来自《高等学校科技统计资料汇编》（2009～2018 年），通过 Deap 软件统计得出。

通过对该 29 所高校的综合效率（crste）分析可知，北京大学、清华大学、北京交通大学、北京航空航天大学、中国农业大学、北京中医药大学、北京师范大学、华北电力大学和天津医科大学这 9 所高校大多数年份的综合效率得分为 1，说明达到 DEA 有效，产出相对于投入达到最大化。以中国人民大学为代表的高校在 10 年内的大多数年份综合效率得分小于 1，说明没有达到 DEA 有效，产出相对于目前投入没有达到最大化。其中部分高校综合效率得分低于 0.5，综合效率偏低，说明大量资源被闲置和浪费。

2. 京津冀地区高校纯技术效率水平分析

第一阶段运用传统 DEA 方法测算的 2008～2017 年京津冀 "211" 及省部共建 29 所高校的纯技术效率值如表 5－14 所示。

表 5－14　　　第一阶段京津冀 "211" 及省部共建高校纯技术效率值

高校	2008 年	2009 年	2010 年	2011 年	2012 年	2013 年	2014 年	2015 年	2016 年	2017 年
北京大学	1	1	1	1	1	1	1	1	1	1
中国人民大学	1	1	0.969	0.836	0.638	0.560	0.869	0.698	0.637	0.718
清华大学	1	1	1	1	1	1	1	1	1	1
北京交通大学	0.845	1	1	1	1	1	1	1	1	1
北京工业大学	0.730	1	1	1	1	1	1	0.964	0.994	0.831
北京航空航天大学	1	1	1	1	1	1	1	1	1	1
北京理工大学	0.578	0.856	1	1	0.984	0.994	0.906	0.916	1	0.893

高校	2008 年	2009 年	2010 年	2011 年	2012 年	2013 年	2014 年	2015 年	2016 年	2017 年
北京科技大学	0.956	0.672	0.681	0.775	0.768	0.678	0.840	0.870	1	0.955
北京化工大学	0.986	0.781	0.880	0.914	0.759	0.909	0.776	0.558	0.584	0.521
北京邮电大学	0.911	1	1	0.854	0.798	0.786	0.773	0.988	0.946	1
中国农业大学	1	1	1	1	1	1	1	1	1	1
北京林业大学	0.599	0.776	1	1	1	1	1	0.976	0.845	0.558
北京中医药大学	0.930	1	1	1	0.959	1	1	1	1	1
北京师范大学	1	1	1	1	1	1	1	1	1	0.840
中国传媒大学	0.645	1	1	1	0.780	0.832	0.855	1	1	1
中国政法大学	1	1	1	1	1	1	1	1	1	1
华北电力大学	1	0.961	1	1	1	1	0.863	0.879	0.700	1
中国矿业大学（北京）	0.776	0.973	0.729	1	0.825	1	1	1	1	1
中国石油大学（北京）	0.846	0.969	0.836	0.609	0.760	0.634	0.786	0.598	0.705	0.621
中国地质大学（北京）	0.603	0.697	0.827	0.843	0.711	0.734	0.955	0.857	0.873	1
南开大学	0.531	0.557	0.657	0.715	1	1	1	0.920	0.833	0.817
天津大学	0.907	0.786	0.751	1	0.756	1	1	1	1	0.815
天津医科大学	1	1	1	1	1	1	1	1	1	1
河北大学	0.696	0.924	0.865	0.951	0.705	0.745	0.780	0.927	1	0.988
河北工业大学	0.835	0.832	0.935	0.874	0.699	0.813	0.707	0.615	0.516	0.499
首都师范大学	0.728	1	0.753	0.890	0.959	0.911	0.944	1	1	0.923
河北师范大学	0.700	0.860	0.635	0.746	0.921	0.716	0.666	1	0.851	0.830
河北农业大学	1	1	1	0.913	0.887	1	1	0.663	0.655	0.738
燕山大学	0.746	0.857	0.808	1	1	0.857	0.736	0.600	0.811	0.722

资料来源：数据来自《高等学校科技统计资料汇编》（2009~2018 年），通过 Deap 软件统计得出。

该 29 所高校的纯技术效率（vrste）显示，北京大学、清华大学、北京航空航天大学、中国农业大学、中国政法大学和天津医科大学这 6 所高校的纯技术效率在 10 年中得分均为 1，表明 DEA 有效。一些高校如北京交通大学、北京工业大学、北京林业大学、北京中医药大学、北京师范大学、中国传媒大学、中国矿业大学、天津大学和河北农业大学在 10 年中至少有 5 年的纯技术效率得分为 1，表明大部分年份 DEA 有效。其余高校结果显示 DEA 无效。

3. 京津冀地区高校规模效率水平分析

第一阶段运用传统 DEA 方法测算的 2008～2017 年京津冀"211"及省部共建 29 所高校的规模效率值如表 5-15 所示。

表 5-15　　　　第一阶段京津冀"211"及省部共建高校规模效率值

高校	2008 年	2009 年	2010 年	2011 年	2012 年	2013 年	2014 年	2015 年	2016 年	2017 年
北京大学	0.962	0.932	1	1	1	1	1	1	1	1
中国人民大学	1	1	0.946	0.979	0.881	0.855	0.915	0.678	0.823	0.913
清华大学	1	1	1	1	1	1	1	1	0.864	0.930
北京交通大学	0.940	0.943	1	1	0.980	1	1	1	1	1
北京工业大学	0.992	1	1	1	1	0.984	1	0.981	0.972	0.982
北京航空航天大学	0.890	0.972	1	1	1	1	1	1	1	1
北京理工大学	0.973	0.936	0.772	0.820	0.678	0.729	0.837	0.752	0.774	0.826
北京科技大学	0.763	0.999	0.999	0.996	0.962	0.964	0.972	0.997	0.960	0.998
北京化工大学	0.993	0.992	0.988	0.995	0.984	0.975	0.994	0.968	0.955	0.908
北京邮电大学	0.991	1	1	0.994	0.985	1	0.992	0.984	0.996	1
中国农业大学	1	1	1	1	1	1	1	1	1	0.938
北京林业大学	0.965	0.900	0.795	1	1	1	0.998	0.987	0.927	0.802
北京中医药大学	0.985	1	0.997	1	0.871	0.926	1	1	1	1
北京师范大学	1	1	1	1	1	1	1	1	1	0.996
中国传媒大学	0.756	0.562	0.939	0.781	0.756	0.737	0.757	0.505	0.588	0.427
中国政法大学	0.409	0.836	1	1	1	0.705	0.818	1	0.671	1
华北电力大学	1	0.971	1	1	1	1	0.943	0.953	0.973	1
中国矿业大学（北京）	0.962	0.976	0.990	0.983	0.884	1	1	1	1	1
中国石油大学（北京）	0.919	0.957	0.912	0.976	0.997	0.966	0.993	0.940	0.944	0.954
中国地质大学（北京）	0.995	0.992	0.991	0.996	0.996	0.989	0.996	0.999	0.987	1

续表

高校	2008 年	2009 年	2010 年	2011 年	2012 年	2013 年	2014 年	2015 年	2016 年	2017 年
南开大学	0.982	0.965	0.950	0.992	1	0.971	0.986	0.995	0.990	0.999
天津大学	0.987	0.992	0.993	0.913	0.976	0.875	0.960	0.969	0.947	0.843
天津医科大学	1	1	1	1	1	1	1	1	1	1
河北大学	0.891	0.745	0.982	0.880	0.909	0.895	0.900	0.817	1	0.901
河北工业大学	0.996	0.999	0.994	0.995	0.985	0.968	0.998	0.986	0.937	0.820
首都师范大学	0.811	0.630	0.948	0.909	0.872	0.897	0.910	0.708	0.831	0.648
河北师范大学	0.919	0.685	0.862	0.849	0.793	0.732	0.790	0.580	0.660	0.624
河北农业大学	1	1	1	0.979	0.948	1	1	0.748	0.813	0.735
燕山大学	1	0.946	0.948	1	1	0.995	0.974	0.980	0.985	0.941

资料来源：数据来自《高等学校科技统计资料汇编》（2009~2018 年），通过 Deap 软件统计得出。

29 所高校规模效率（scale）结果显示，除北京理工大学、中国传媒大学、中国政法大学、首都师范大学和河北师范大学外的其他 24 所高校近十年规模效率得分不低于 0.7，其中北京大学、清华大学、北京交通大学、北京工业大学、北京航空航天大学、中国农业大学、北京中医药大学、北京师范大学、华北电力大学和天津医科大学大多数年份的规模效率得分为 1，说明达到规模有效。将这些高校按类型划分，包括综合大学、医药类大学、理工类大学和师范类大学。得分低于 0.5 的高校有中国传媒大学和中国政法大学，表现为低规模效率，大部分高校规模效率值处于 0.5（包含）到 1（不包含）之间，表现为较高的规模效率。

（二）第二阶段 SFA 回归结果分析

由于第一阶段的模型不能将外部环境因素、随机误差以及内部管理因素对效率值的影响效果分开，所以此时的效率值无法反映是由管理原因还是由环境因素和随机干扰所导致的无效，为了将高校的外部环境和随机干扰调整到相同状态下，需要进行 SFA 回归。以第一阶段所求出的 29 所高校的投入要素冗余量（即投入差额值）作为因变量，三个外部环境变量作为自变量，运用 Frontier4.1 软件对构建的 SFA 方程中的未知系数进行估计，估计回归系数使用最大似然法，由此可以得到外部环境因素、随机干扰和管理非效率对投入松弛量的影响。

根据投入不同而使用独立的回归方程，可以直观判断各自变量对不同差额值的影响。由于环境变量是对投入差额值进行的回归，所以当 SFA 方程相关系数为正时，表示环境变量的增加会带来投入松弛量的增加。

通过表 5-16 和表 5-17 可知，最大似然比和 LR 单边检验通过了显著性检验，科研人员和资本投入的 σ^2 统计量通过了 1% 的显著性检验，这表示所选取的环境变量对高校的科技创新能力存在显著性影响，使用 SFA 模型是合适的。科研人员投入和资本投入松弛量的 γ 值也在 1% 的水平上显著，表示管理无效率对投入松弛量产生了影响。

表 5-16　　　　第二阶段京津冀高校科研人员投入 SFA 回归结果

项目	科研人员投入松弛变量		
	相关系数	相关系数	T 值
常数值	- 8.69E + 01	4.30E + 01	- 2.02E + 00
政府支持	- 1.77E - 05	1.24E - 05	- 1.43E + 00
市场需求	- 9.53E - 02	8.71E - 02	- 1.09E + 00
学校类别	1.25E + 02	5.56E + 01	2.24E + 00
σ^2	1.18E + 04	7.08E + 00	1.66E + 03
γ	5.06E - 01	4.34E - 02	1.17E + 01
Log likelihood 函数	- 1.69E + 03		
LR 单边检验	5.41E + 01		

资料来源：Frontier 统计得出。

表 5-17　　　　第二阶段京津冀高校资本投入 SFA 回归结果

项目	资本投入松弛变量		
	相关系数	相关系数	T 值
常数值	4.93E - 02	4.12E - 02	1.20E + 00
政府支持	- 4.92E - 02	1.64E - 01	- 3.01E - 01
市场需求	- 1.91E - 01	1.19E - 01	- 1.61E + 00
学校类别	4.78E - 01	6.35E - 02	7.53E + 00
σ^2	1.24E - 01	4.54E - 02	2.72E + 00
γ	8.57E - 01	5.86E - 02	1.46E + 01
Log likelihood 函数	1.33E + 02		
LR 单边检验	8.43E + 01		

资料来源：Frontier 统计得出。

环境变量对投入松弛量的影响分析如下。

首先,政府支持方面,政府资金与科研人员投入松弛量的回归系数为负值,表明政府资金的增加会提高京津冀地区"211"及省部共建高校科研人员的科技创新能力,政府支持变量对资本投入的松弛量的回归系数也为负值,可见政府资金投入过多会在一定程度上造成资本投入的浪费,不利于资本的充分利用。

其次,市场需求方面,在这里高校签订合同数代表市场需求量,签订合同数与科研人员投入冗余量及合同数与资本投入冗余量的回归系数皆为负值,说明高校签订合同数的增加会减少科研人员和资本投入冗余量,从而增强高校的科技创新效率,提高高校科技创新能力。市场的需求能够激发高校的科技创新动力,使科研人员的创新研发效率增强,资本的利用率提高。

最后,高校类型主要包括综合大学、工科大学、农林院校、医药院校、师范院校和其他类型,根据第一阶段 DEA 的综合效率分析,学校类型对于高校综合效率的影响程度从高到低依次为工科大学、综合大学、农林大学、医药大学、师范大学和其他类型。如表 5-16 所示,加入的学校类别环境变量对科研人员投入松弛变量和资本投入松弛变量的回归系数均为正值,表明学校类别的增加造成科研和资本投入冗余的增加,因此工科大学和综合大学的投入有冗余,不利于高校科技创新效率的提升。

(三) 第三阶段 DEA 实证结果分析

本节将第二阶段调整后的投入和原来的产出值代入第一阶段使用的 DEA 模型,运用 Deap2.1 软件重新对京津冀高校的科技创新效率进行计算,得到剔除外部环境干扰和随机扰动影响的高校科技创新效率。

1. 高校科技创新综合效率水平分析

第三阶段剔除外部环境干扰和随机误差影响后的 2008~2017 年京津冀地区 29 所"211"及省部共建高校的科技创新综合效率值如表 5-18 所示。

表 5-18   第三阶段京津冀"211"及省部共建高校综合效率值

高校	2008 年	2009 年	2010 年	2011 年	2012 年	2013 年	2014 年	2015 年	2016 年	2017 年
北京大学	0.873	0.795	0.968	0.967	0.939	0.964	0.907	0.889	0.886	0.847
中国人民大学	1	0.670	0.588	0.593	0.626	0.724	0.841	0.667	0.591	0.693
清华大学	1	1	0.995	0.944	0.924	0.947	0.955	0.883	0.888	0.871

续表

高校	2008 年	2009 年	2010 年	2011 年	2012 年	2013 年	2014 年	2015 年	2016 年	2017 年
北京交通大学	1	1	1	1	1	1	1	1	1	1
北京工业大学	0.944	0.931	1	0.999	0.971	1	0.980	0.934	0.957	0.905
北京航空航天大学	1	1	1	1	1	1	1	1	1	1
北京理工大学	0.934	0.990	1	0.994	0.958	0.979	0.960	0.929	0.951	0.917
北京科技大学	0.992	0.940	0.948	0.963	0.950	0.960	0.903	0.872	0.876	0.878
北京化工大学	0.932	0.933	0.960	0.975	0.957	0.972	0.987	0.896	0.910	0.883
北京邮电大学	0.981	0.991	1	0.992	0.989	0.982	0.963	0.902	0.921	0.954
中国农业大学	1	1	1	1	1	1	1	1	1	0.992
北京林业大学	0.839	0.889	1	1	1	1	0.963	0.924	0.905	0.825
北京中医药大学	1	1	0.964	0.803	0.804	0.856	0.815	0.881	0.969	0.913
北京师范大学	1	1	0.969	1	1	0.965	1	1	1	0.946
中国传媒大学	0.492	0.557	0.794	0.700	0.682	0.708	0.746	0.653	0.683	0.580
中国政法大学	0.129	0.288	0.867	0.626	1	0.460	0.459	1	0.224	0.475
华北电力大学	0.919	0.947	0.975	1	0.964	1	0.893	0.909	0.890	0.963
中国矿业大学（北京）	0.826	0.927	0.827	0.954	0.947	1	1	1	1	1
中国石油大学（北京）	0.937	0.962	0.927	0.882	0.959	0.905	0.966	0.902	0.932	0.926
中国地质大学（北京）	0.891	0.881	0.915	0.933	0.950	0.932	0.976	0.955	0.950	0.891
南开大学	0.849	0.892	0.929	0.836	0.910	0.866	0.994	0.888	0.912	0.896
天津大学	0.946	0.945	0.967	0.996	0.979	0.998	0.992	0.981	0.959	0.903
天津医科大学	0.998	0.919	0.913	0.810	0.753	0.783	0.799	0.713	0.715	0.674
河北大学	0.765	0.798	0.853	0.852	0.897	0.896	0.898	0.822	0.929	0.875
河北工业大学	0.926	0.948	0.988	0.978	0.968	0.976	0.955	0.893	0.878	0.809
首都师范大学	0.631	0.664	0.783	0.821	0.832	0.843	0.862	0.843	0.829	0.749
河北师范大学	0.746	0.671	0.747	0.730	0.748	0.711	0.742	0.651	0.745	0.712
河北农业大学	0.891	0.956	0.995	0.933	0.936	0.981	0.968	0.846	0.823	0.793
燕山大学	0.931	0.951	0.976	0.994	0.978	0.943	0.956	0.892	0.920	0.915

资料来源：数据来自《高等学校科技统计资料汇编》（2009~2018 年），通过 Deap 软件统计得出。

由表 5-18 可知，第三阶段京津冀地区 2008~2017 年高校综合效率水平与第一阶段综合效率值差异明显，北京交通大学、北京航空航天大学和中国农业大学的效率处于最优状态，中国矿业大学（北京）在 2013~2017 年的综合效率值为 1，北京师范大学有 7 年的综合效率值为 1，在其他年份接近 1，在师范类型学校中的综合效率比较高。对比其他高校，中国人民大学、中国传媒大学、中国政法大学、河北师范大学以及天津医科大学后 6 年的综合效率值低于0.8，其中中国政法大学和中国传媒大学在这些高校中综合效率排名靠后。相对于第一阶段各高校的综合效率值，剔除外部环境变量和随机误差项的影响后，这 29 所高校各年份综合效率值第三阶段波动较小，较第一阶段的综合效率值稍低，表明剔除外部环境变量和随机误差后能更真实地反映高校的综合效率水平。

2. 高校科技创新技术效率水平分析

第三阶段剔除外部环境干扰和随机误差影响后的 2008~2017 年京津冀地区 29 所"211"及省部共建高校的科技创新技术效率值如表 5-19 所示。

表 5-19　　　第三阶段京津冀"211"及省部共建高校技术效率值

高校	2008 年	2009 年	2010 年	2011 年	2012 年	2013 年	2014 年	2015 年	2016 年	2017 年
北京大学	0.917	0.835	1	1	1	1	1	1	1	1
中国人民大学	1	1	1	1	1	1	1	0.967	1	1
清华大学	1	1	1	1	1	1	1	1	1	1
北京交通大学	1	1	1	1	1	1	1	1	1	1
北京工业大学	0.954	0.939	1	0.981	1	1	1	0.942	0.980	0.928
北京航空航天大学	1	1	1	1	1	1	1	1	1	1
北京理工大学	0.954	0.993	1	1	1	1	0.995	0.976	1	0.921
北京科技大学	1	0.957	0.955	0.963	0.950	0.963	0.918	0.881	0.878	0.889
北京化工大学	1	0.996	0.998	0.990	0.990	1	0.993	0.96	0.956	0.945
北京邮电大学	0.998	1	1	0.995	0.991	0.988	0.969	0.918	0.933	0.980
中国农业大学	1	1	1	1	1	1	1	1	1	1
北京林业大学	0.931	0.951	1	1	1	1	0.970	0.963	0.951	0.912
北京中医药大学	1	1	0.972	0.835	0.845	0.885	0.833	0.893	0.999	1
北京师范大学	1	1	0.988	1	1	0.984	1	1	1	0.961
中国传媒大学	0.952	0.914	0.966	0.921	0.960	0.948	0.932	0.872	0.909	0.839

高校	2008 年	2009 年	2010 年	2011 年	2012 年	2013 年	2014 年	2015 年	2016 年	2017 年
中国政法大学	1	1	1	1	1	1	1	1	1	1
华北电力大学	0.957	0.978	0.981	1	0.968	1	0.894	0.951	0.908	0.987
中国矿业大学（北京）	1	1	0.997	1	1	1	1	1	1	1
中国石油大学（北京）	0.997	1	0.998	0.993	1	0.978	0.991	0.966	0.978	0.960
中国地质大学（北京）	0.983	0.993	0.997	0.997	1	0.993	0.987	0.981	0.982	0.933
南开大学	0.890	0.916	0.944	0.844	0.925	1	1	0.912	0.930	0.907
天津大学	0.976	0.953	0.970	1	0.984	1	1	0.994	0.904
天津医科大学	1	0.920	1	0.823	0.765	1	0.804	0.721	0.726	0.705
河北大学	0.917	0.900	0.934	0.915	0.961	0.967	0.933	0.903	0.983	0.940
河北工业大学	0.968	0.987	0.995	0.981	0.986	0.995	0.961	0.937	0.915	0.879
首都师范大学	0.875	0.857	0.974	0.967	0.966	0.981	0.958	0.907	0.907	0.883
河北师范大学	0.914	0.868	0.918	0.887	0.863	0.879	0.867	0.783	0.873	0.853
河北农业大学	0.990	1	1	0.962	0.971	1	0.975	0.918	0.917	0.885
燕山大学	0.992	0.996	0.995	1	1	1	0.994	0.948	0.963	0.961

资料来源：数据来自《高等学校科技统计资料汇编》（2009～2018 年），通过 Deap 软件统计得出。

由表 5 – 19 可知，京津冀地区高校剔除环境变量和随机误差影响后的纯技术效率差异较综合效率小。其中清华大学、北京交通大学、北京航空航天大学、中国农业大学和中国政法大学的纯技术效率值均为 1；中国矿业大学（北京）除了 2010 年，在其他年份均为最优水平；北京大学在 2008 年和 2009 年的技术效率值低于 1，在其他年份均为最优水平；中国人民大学除 2015 年，在其他年份均为最优水平。北京科技大学和北京化工大学的纯技术效率呈递减的趋势。第三阶段相对于第一阶段各高校的纯技术效率值的波动较小，表明外部环境和随机误差项对各高校的纯技术效率水平有影响。

3. 高校科技创新规模效率水平分析

第三阶段剔除外部环境干扰和随机误差影响后的 2008～2017 年京津冀地区 29 所"211"及省部共建高校的规模效率值如表 5 – 20 所示。

表5-20　　　　第三阶段京津冀"211"及省部共建高校规模效率值

高校	2008 年	2009 年	2010 年	2011 年	2012 年	2013 年	2014 年	2015 年	2016 年	2017 年
北京大学	0.953	0.951	0.968	0.967	0.939	0.964	0.907	0.889	0.886	0.847
中国人民大学	1	0.670	0.588	0.593	0.626	0.724	0.841	0.690	0.591	0.693
清华大学	1	1	0.995	0.944	0.924	0.947	0.955	0.883	0.888	0.871
北京交通大学	1	1	1	1	1	1	1	1	1	1
北京工业大学	0.989	0.991	1	0.999	0.990	1	0.980	0.991	0.977	0.976
北京航空航天大学	1	1	1	1	1	1	1	1	1	1
北京理工大学	0.980	0.997	1	0.994	0.958	0.979	0.964	0.952	0.951	0.996
北京科技大学	0.992	0.982	0.993	1	1	0.997	0.984	0.990	0.997	0.988
北京化工大学	0.932	0.937	0.961	0.985	0.966	0.972	0.994	0.934	0.952	0.935
北京邮电大学	0.983	0.991	1	0.997	0.998	0.993	0.994	0.983	0.987	0.974
中国农业大学	1	1	1	1	1	1	1	1	1	0.992
北京林业大学	0.901	0.935	1	1	1	1	0.993	0.959	0.951	0.904
北京中医药大学	1	1	0.992	0.961	0.952	0.967	0.978	0.987	0.970	0.913
北京师范大学	1	1	0.981	1	1	0.980	1	1	1	0.985
中国传媒大学	0.517	0.610	0.822	0.760	0.710	0.747	0.801	0.749	0.752	0.691
中国政法大学	0.129	0.288	0.867	0.626	1	0.460	0.459	1	0.224	0.475
华北电力大学	0.960	0.968	0.994	1	0.996	1	0.999	0.956	0.981	0.975
中国矿业大学（北京）	0.826	0.927	0.829	0.954	0.947	1	1	1	1	1
中国石油大学（北京）	0.940	0.962	0.929	0.888	0.959	0.925	0.974	0.934	0.952	0.965
中国地质大学（北京）	0.906	0.887	0.917	0.936	0.950	0.939	0.989	0.973	0.968	0.955
南开大学	0.955	0.973	0.983	0.991	0.984	0.866	0.994	0.974	0.980	0.988
天津大学	0.969	0.992	0.997	0.996	0.995	0.998	0.992	0.981	0.965	0.999
天津医科大学	0.998	1	0.913	0.985	0.985	0.783	0.994	0.989	0.985	0.957
河北大学	0.834	0.887	0.913	0.932	0.933	0.927	0.962	0.910	0.945	0.930
河北工业大学	0.957	0.961	0.993	0.996	0.982	0.981	0.994	0.954	0.960	0.921
首都师范大学	0.720	0.775	0.804	0.849	0.861	0.859	0.900	0.929	0.914	0.849

续表

高校	2008 年	2009 年	2010 年	2011 年	2012 年	2013 年	2014 年	2015 年	2016 年	2017 年
河北师范大学	0. 816	0. 773	0. 814	0. 823	0. 867	0. 809	0. 856	0. 832	0. 853	0. 834
河北农业大学	0. 900	0. 956	0. 995	0. 970	0. 964	0. 981	0. 993	0. 922	0. 898	0. 896
燕山大学	0. 938	0. 955	0. 981	0. 994	0. 978	0. 943	0. 962	0. 940	0. 955	0. 953

资料来源：数据来自《高等学校科技统计资料汇编》（2009～2018 年），通过 Deap 软件统计得出。

由表 5–20 可知，各年份调整后的规模效率差异缩小，各高校的差距更加明显，北京交通大学和北京航空航天大学的各年份规模效率值均达到最优；中国农业大学除了 2017 年，在其他年份均为最优水平；中国矿业大学（北京）在 2013～2017 年达到最优水平。通过对比分析发现，中国人民大学、中国传媒大学和中国政法大学的规模效率水平比较低，其他高校每年的规模效率处于相对较高的水平。相比于调整前各高校的规模效率值，去掉外部环境变量和随机扰动项的影响后，第三阶段的规模效率值波动较小，且多数高校各年份规模效率值有所下降，说明外部环境变量和随机误差项对高校的规模效率水平有影响。

第六章
高校科技创新对区域经济高质量
发展的影响分析

第一节　高校科技创新对区域经济高质量
发展影响的实证分析

一、变量选择与数据说明

（一）高校科技创新能力指标体系构建

从高校科技创新投入角度来看，主要包括人力、物力、财力投入。科研人员作为高校科技创新研究的主要参与者，是提高高校科技创新能力的核心力量来源，科研经费和科研项目的投入是保障科研活动得以顺利开展的重要因素。只有不断招揽人才，吸纳资金，才能有效保障高校科技创新研究的开展。

从高校科技创新产出角度来看，主要包括论文著作、专利、科研奖励及项目验收等，这些指标能够直接反映出高校的科研产出水平。

从高校科技创新转化角度来看，主要以专利出售、其他知识产权和国际交流合作人数来衡量高校科技创新转化能力，其中专利出售是指专利出售数量和专利出售金额，这些成果转化指标反映了高校科技创新成果转化为社会生产力的能力。

在选取指标时，依照可量化、系统性和代表性的原则，以《高等学校科技统计资料汇编》为依据，选取了科研人力、科研机构、科研经费、科研项目、科研成果及技术转让、国际科研交流等要素，构建如表 6 - 1 所示的指标体系。

表 6 - 1　　　　　　　　高校科技创新能力指标体系

一级指标	二级指标	单位	正逆性
高校科技创新投入能力	研发人员	人	正指标
	研发成果应用及科技服务人员	人	正指标
	研发项目	项	正指标
	发展机构	个	正指标
	研发经费投入总额	万元	正指标
	科研事业费投入额	万元	正指标
高校科技创新产出能力	专利申请	项	正指标
	专利授权	项	正指标
	发表学术论文	篇	正指标
	出版科技著作	部	正指标
	科技进步奖励	项	正指标
	国家级项目验收	项	正指标
高校科技创新转化能力	专利出售	项	正指标
	专利出售金额	万元	正指标
	其他知识产权	项	正指标
	国际合作交流派遣人数	人次	正指标

资料来源：根据《高等学校科技统计资料汇编》（2009～2019 年）相关资料整理。

（二）经济高质量发展指标体系构建

经济高质量发展包含多个维度的发展指标，因此构建经济高质量发展评价指标体系来衡量经济高质量发展水平。采用熵权法对我国经济高质量发展指标赋权，得到我国各地经济高质量发展的综合值。

不同学者对经济高质量发展的理解不同，因此从多个维度围绕新发展理念展开分析，构建我国经济高质量发展指标体系，包含创新驱动、协调发展、绿色低碳、开放发展和民生改善 5 个一级指标和 19 个二级指标。

第一，创新驱动。选取研发经费占 GDP 比重来衡量创新投入，能够在一定程度上反映经济的创新活力。科技财政支出占地方财政支出的比重能够体现我国对于科技创新的重视程度。技术市场成交额占全国比重这一指标是衡量技术创新转化能力的重要指标。每万常住人口发明专利授权量能够直观反映出当地的创新能力。

第二，协调发展。主要从产业协调、城乡协调和人口结构协调发展三方面进行衡量。产业协调发展指标选取第三产业和第二产业的比值，比值越高，产业结构越趋于协调发展。城乡协调发展指标通过城乡人均收入和城乡消费比两项指标表示，两者比率越低表示城乡发展越趋于协调。人口协调发展指标以城镇化率和城镇登记失业率表示。

第三，绿色低碳。选取建成区绿化覆盖率、森林覆盖率、环境支出占 GDP 比重三个指标进行衡量，其中绿化率和森林覆盖率越高表示生态越趋于健康发展，环境支出占 GDP 比重越高则说明对于经济绿色发展越重视。

第四，开放发展。主要从实际利用外资与 GDP 之比和进出口总额占 GDP 比重两项指标衡量开放发展。

第五，民生改善。根据教育、医疗、道路、公园等基础设施的发展情况衡量民生改善程度，即选取财政性教育经费占 GDP 比重、医疗卫生投入比重、城镇居民人均可支配收入增长率、人均拥有道路面积、人均公园绿地面积 5 项指标衡量民生改善情况。通过选取以上指标形成了我国经济高质量发展评价指标体系，如表 6-2 所示。

表 6-2　　　　　　　　　　经济高质量发展评价指标体系

一级指标	二级指标	计算方式	正逆性
创新驱动	研发经费占 GDP 比重（%）	研发经费投入/GDP×100%	正指标
	财政科技拨款占财政支付比重（%）	地方财政科技拨款/财政支付×100%	正指标
	技术市场成交额占全国比重（%）	技术市场成交额/全国技术市场成交额×100%	正指标
	每万常住人口发明专利授权量（件）	全部人口发明专利授权量/10000	正指标
协调发展	第三产业增加值与第二产业增加值之比	第三产业增加值/第二产业增加值	正指标
	城乡人均收入比	城镇人均可支配收入/农村人均可支配收入	逆指标
	城乡消费比	城镇人均消费/农村人均消费	逆指标
	城镇化率（%）	城镇人口/总人口×100%	正指标
	城镇登记失业率（%）	——	逆指标

一级指标	二级指标	计算方式	正逆性
绿色低碳	建成区绿化覆盖率（%）	覆盖面积/城市建成区面积×100%	正指标
	森林覆盖率（%）	森林总面积/土地总面积×100%	正指标
	环境支出占比（%）	环境支出/GDP×100%	正指标
开放发展	实际利用外资占比（%）	实际利用外资额/GDP×100%	正指标
	进出口总额占比（%）	进出口总额/GDP×100%	正指标
民生改善	财政性教育经费占比（%）	财政性教育经费投入/GDP×100%	正指标
	医疗卫生投入比（%）	医疗卫生投入/GDP×100%	正指标
	城镇居民人均可支配收入增长率（%）	（本年－上年）/上年×100%	正指标
	人均拥有道路（平方米/人）	道路面积/人口数	正指标
	人均公园绿地面积（平方米/人）	公园绿地总面积/人口总数	正指标

资料来源：根据《中国统计年鉴》（2009～2019年）相关资料整理。

本书实证分析部分的时间跨度为2008～2018年。被解释变量为经济高质量发展水平，通过采用熵权法得到的经济高质量得分加以衡量。核心解释变量为高校科技创新能力，选择高校科技创新投入、产出和成果转化能力形成的综合能力来衡量高校科技创新能力，数据来源于采用熵权法得到的高校科技创新能力得分。通过借鉴李光龙等对控制变量选取的过程，进一步考虑产业结构、政府支持以及经济对外开放度对经济高质量发展的影响，选择如下控制变量：人均GDP（PGDP）、第三产业增加值占GDP比重（DSCY）、科技支出占财政支出比重（KJZC）、进出口总额占地区生产总值比值（JCK），相关数据由《中国统计年鉴》计算所得。

二、模型构建

本书所进行的高校科技创新对经济高质量发展影响的研究借鉴了李燕使用的模型设计，采用的面板模型如下：

$$HQD_{it} = \beta_1 + \beta_2 CXL_{it} + \Phi X_{it} + \varepsilon_{it} \qquad (6-1)$$

其中，被解释变量经济高质量发展表示为HQD_{it}，$i = 1, 2, \cdots, 30$；$t = 2008, 2009, \cdots, 2018$。解释变量高校科技创新能力表示为$CXL_{it}$，$\beta_1$是模型的常数项，$\beta_2$和$\Phi$分别为解释变量和控制变量的回归系数，$X_{it}$表示控制变量，$\varepsilon_{it}$表示随机误差项。

三、高校科技创新促进经济高质量发展的实证结果

(一) 整体实证分析

选取 2008～2018 年 30 个省区市的面板数据（西藏数据的缺失值较多，不纳入分析范围），以经济高质量发展和高校科技创新为被解释变量和解释变量分别表示经济高质量发展水平和高校科技创新能力，并选取人均 GDP、第三产业增加值占 GDP 比重、科技支出占财政支出比重、进出口总额占地区生产总值比重为控制变量，利用 Eviews 10.0 对全国 30 个省区市的面板数据进行分析。

1. 单位根检验和协整检验

在建立面板模型之前，为了避免伪回归，需要对变量进行单位根检验，常用的面板单位根检验有 LLC 检验、IPS 检验、ADF 检验和 PP 检验，同时采用 IPS 检验和 ADF 检验对变量进行单位根检验，面板单位根检验结果如表 6 - 3 所示。

表 6 - 3　　　　　　　　　　面板数据单位根检验

变量	IPS 检验		ADF 检验	
	T 统计量	P 值	T 统计量	P 值
HQD	3.08421	0.9990	34.5897	0.9965
CXL	3.74102	0.9999	37.1462	0.9911
PGDP	0.24201	0.5956	71.8139	0.1412
DSCY	-0.86614	0.1932	53.0740	0.7247
KJZC	1.75852	0.9607	72.8958	0.1226
JCK	1.47480	0.9299	60.7734	0.4478
D（HQD）	-2.80607 ***	0.0025	128.243 ***	0.0000
D（CXL）	-2.21873 **	0.0133	125.727 ***	0.0000
D（PGDP）	-3.47717 ***	0.0003	108.984 ***	0.0001
D（DSCY）	-2.16334 **	0.0153	112.261 ***	0.0001
D（KJZC）	-2.25547 ***	0.0121	116.712 ***	0.0000
D（JCK）	-3.91521 ***	0.0000	155.570 ***	0.0000

注：表中 D 表示一阶差分，*、**、*** 分别表示在 10%、5%、1% 的显著性水平下显著，本书同类型表与此相同。

资料来源：Eviews 统计输出。

根据表6-3单位根检验结果可知，所有变量均属于一阶单整，具备进行协整检验的条件。本书借鉴李新安关于单位根检验和协整检验的相关做法，即只有当协整关系存在时，变量间存在伪回归的可能性比较小，才能进行回归分析。因此对变量进行协整检验，基于 Kao 检验方法得到 P 值为 0.0000，小于 0.05，拒绝不存在协整关系的原假设，说明变量之间存在长期均衡关系。

2. 模型估计

要建立合适的面板模型，需要进行豪斯曼检验（Hausman Test），首先从个体和时间要素两方面来考虑选择固定效应模型或随机效应模型。豪斯曼检验结果如表6-4所示，拒绝原假设，因此选择使用固定效应模型。空间数据有存在异方差的可能性，所以本书尝试使用加权模型。其中个体固定、个体固定加权、时间固定、时间固定加权和个体时间双固定模型分别表示为 M_1、M_2、M_3、M_4、M_5，回归结果如表6-5所示。

表6-4 豪斯曼检验

豪斯曼检验	卡方统计量	自由度	P 值	结论
个体随机效应	34.195154	5	0.0000	拒绝
时间随机效应	27.345446	5	0.0000	拒绝

资料来源：Eviews 统计输出。

表6-5 高校科技创新对经济高质量发展影响的模型估计

变量	M_1	M_2	M_3	M_4	M_5
C	0.059185 *** (7.138396)	0.048546 *** (8.551809)	-0.088385 *** (-5.774131)	-0.086523 *** (-5.722091)	0.148509 *** (8.688369)
CXL	-0.019421 (-0.849962)	-0.001355 (-0.075888)	0.232765 *** (9.076445)	0.237333 *** (9.100895)	0.020662 (0.983400)
PGDP	1.41E-06 *** (14.83015)	1.27E-06 *** (18.71554)	2.84E-07 * (1.708738)	2.80E-07 * (1.655309)	4.49E-07 *** (2.984106)
DSCY	0.001178 *** (5.998260)	0.001562 *** (11.92612)	0.004850 *** (12.53151)	0.004808 *** (12.64056)	0.000112 (0.382255)
KJZC	0.019655 *** (11.51334)	0.0184489 *** (14.11132)	0.021993 *** (6.113415)	0.021098 *** (5.780020)	0.020171 *** (13.01117)
JCK	0.000556 *** (5.718304)	0.000563 *** (7.339079)	0.000574 *** (3.883073)	0.000620 *** (4.379838)	0.000411 *** (4.317757)

变量	M_1	M_2	M_3	M_4	M_5
R^2	0.990120	0.987031	0.901401	0.904617	0.992589
$\overline{R}^2$	0.988982	0.985536	0.896691	0.900060	0.991455
F	869.5502	660.3198	191.3749	198.5324	868.6153

注：括号内为 T 检验值，* 、** 、*** 分别表示在 10%、5%、1% 的显著性水平下显著。
资料来源：Eviews 统计输出。

上述五个模型，R^2 都在 0.9 以上，拟合优度较好，考虑变量的显著性和回归系数的符号，选择模型 M_4 作为最终的结果，估计出的回归方程为：

$$HQD_{it} = -0.086523 + 0.237333CXL_{it} + 2.80e^{-7}PGDP_{it} + 0.004808DSCY_{it}$$
$$+ 0.021098KJZC_{it} + 0.000620JCK_{it} \qquad (6-2)$$

上式表明：核心解释变量高校科技创新能力的系数估计值为 0.237333，对经济高质量发展具有显著的正向促进作用，并且从系数大小来看，我国高校科技创新对于经济高质量发展的促进作用较强。

另外，各省区市人均 GDP、第三产业增加值占 GDP 的比重、科技支出占财政支出比重、进出口占国内生产总值比重等相关控制变量均显著影响着经济高质量的发展。相对于其他控制变量，科技支出占比对经济高质量发展的影响程度更大，就系数估计值大小来看，科技支出所占比重对于经济高质量发展的促进作用较强，因此要提高对科技支出的重视程度。

（二）东部地区高校科技创新对经济高质量发展的作用分析

1. 单位根检验和协整检验

根据表 6 - 6 单位根检验结果可知，所有变量均属于一阶单整，具备进行协整检验的条件。基于 Kao 检验得到 P 值为 0.0003，小于 0.05，拒绝不存在协整关系的原假设，说明变量之间存在长期均衡关系。

表 6 - 6　　　　　　　　面板数据单位根检验结果

变量	IPS 检验		ADF 检验	
	T 统计量	P 值	T 统计量	P 值
HQD	1.37659	0.9157	16.5379	0.7883
CXL	1.58801	0.9439	11.3855	0.9688
PGDP	2.05274	0.9800	8.47063	0.9957

续表

变量	IPS 检验		ADF 检验	
	T 统计量	P 值	T 统计量	P 值
DSCY	− 0. 07360	0. 4707	23. 8445	0. 3554
KJZC	0. 07316	0. 5292	23. 1785	0. 3917
JCK	− 1. 26168	0. 1035	9. 85654	0. 9876
D（HQD）	− 4. 93383 ***	0. 0000	67. 1343 ***	0. 0000
D（CXL）	− 3. 42123 **	0. 0003	52. 7054 **	0. 0002
D（PGDP）	− 1. 71716 **	0. 0430	35. 5476 **	0. 0339
D（DSCY）	− 4. 16361 ***	0. 0000	51. 9832 **	0. 0003
D（KJZC）	− 3. 34591 ***	0. 0004	50. 5611 ***	0. 0005
D（JCK）	− 6. 10311 ***	0. 0000	83. 2818 ***	0. 0000

注：*、**、***分别表示在10%、5%、1%的显著性水平下显著。
资料来源：Eviews 统计输出。

2. 模型估计

按照全国层面的面板回归模型估计过程，使用我国东部地区 11 个省（市）的 2008～2018 年面板数据来选择合适的面板模型。首先对个体效应进行豪斯曼检验，来确定选用固定或者随机效应，如表 6－7 个体随机效应豪斯曼检验结果所示，统计量的值为 21. 718542，P 值为 0. 0006，小于 0. 05，说明在 5% 的显著性水平下，拒绝选择个体随机效应的原假设，应选择个体固定效应模型。然后再对时间效应进行豪斯曼检验，判断得出应选择固定效应或随机效应。根据表 6－7，豪斯曼检验得到统计量的值为 21. 183216，P 值为 0. 0007，小于 0. 05，说明在 5% 的显著性水平下，拒绝选择时间随机效应的原假设，应考虑时间固定效应模型，由于空间数据可能存在异方差，同时考虑加权模型，通过模型检验，最终选择时间固定加权模型，其他模型结果省略，回归结果如表 6－8 所示。

表 6－7   **豪斯曼检验**

豪斯曼检验	卡方统计量	自由度	P 值	结论
个体随机效应	21. 718542	5	0. 0006	拒绝
时间随机效应	21. 183216	5	0. 0007	拒绝

资料来源：Eviews 统计输出。

表 6 - 8 东部地区高校科技创新对经济高质量发展模型估计

变量	模型
C	-0.180109^{***} (-7.189799)
CXL	0.266688^{***} (5.892411)
PGDP	$-3.06E^{-07}$ (-0.872811)
DSCY	0.008480^{***} (13.31838)
KJZC	0.018252^{**} (2.427817)
JCK	$-9.61E^{-05}$ (-0.405727)
R^2	0.914882
$\overline{R}^2$	0.902722
F	75.2388

注：*、**、*** 分别表示在 10%、5%、1% 的显著性水平下显著。
资料来源：Eviews 统计输出。

调整后的 R^2 值为 0.902722，拟合优度很好，主要被解释变量显著，因此可以得到回归方程：

$$HQD_{it} = -0.180109 + 0.266688CXL_{it} - 3.06e^{-7}PGDP_{it} + 0.008480DSCY_{it}$$
$$+ 0.018252KJZC_{it} - 9.61e^{-5}JCK_{it} \tag{6-3}$$

上式表明：一方面东部地区高校科技创新能力对经济高质量发展具有正向影响，东部地区高校科技创新能力对经济高质量发展的系数为 0.266688，并在 1% 的显著性水平下通过检验；另一方面，通过对比控制变量，东部地区人均 GDP、进出口占比对经济高质量发展的影响不显著，科技支出占比对经济高质量发展的影响系数为 0.018252，并在 5% 的显著性水平下对经济高质量发展具有促进作用，因此东部地区应提高高校科技创新能力，重视科技支出对经济高质量发展的促进作用。

（三）中部地区高校科技创新对经济高质量发展的作用分析

1. 单位根检验和协整检验

根据表 6-9 单位根检验结果可知，所有变量在进行一阶差分后均为平稳序列，表明所有变量均属于一阶单整，具备进行协整检验的条件。基于 Kao 检验得到 P 值为 0，说明在 1% 的显著性水平下拒绝不存在协整关系的原假设，变量间存在伪回归的可能性比较小，因此变量存在长期均衡关系。

表 6-9 面板数据单位根检验结果

变量	IPS 检验		ADF 检验	
	T 统计量	P 值	T 统计量	P 值
HQD	0.51447	0.6965	13.5429	0.6327
CXL	3.96640	1.0000	5.77720	0.9903
PGDP	2.09497	0.9819	8.98417	0.9141
DSCY	-0.19898	0.4211	20.5880	0.1949
KJZC	0.77082	0.7796	15.8553	0.4631
JCK	-0.50320	0.3074	19.3449	0.2512
D (HQD)	-3.69818 ***	0.0001	44.4425 ***	0.0002
D (CXL)	-1.98181 **	0.0238	29.5638 **	0.0204
D (PGDP)	-2.20240 **	0.0138	32.9105 ***	0.0076
D (DSCY)	-1.49643 *	0.0673	29.2683 **	0.0222
D (KJZC)	-3.76600 ***	0.0001	49.2881 ***	0.0000
D (JCK)	-3.21409 ***	0.0007	55.3514 ***	0.0000

注：*、**、*** 分别表示在 10%、5%、1% 的显著性水平下显著。
资料来源：Eviews 统计输出。

2. 模型估计

通过对中部地区 8 个省（市）的 2008~2018 年面板数据分析选择合适的面板模型，同样需要综合考虑个体和时间因素。首先对个体效应进行豪斯曼检验，得到个体效应的豪斯曼检验卡方统计量的值是 1.383795，P 值是 0.9261，远大于 0.05。然后对时间效应进行豪斯曼检验，目的是判断选择时间固定效应或时间随机效应，时间效应豪斯曼检验的卡方统计量值是 24.972038，P 值是 0.0001，小于 0.05。根据结果，应该选择建立个体随机效应模型和时间固定效应模型。通过对模型回归结果的比较，最终选择时间固定效应模型，其他回归结果省略。豪斯曼检验结果和时间固定效应模型回归结果如表 6-10、表 6-11 所示。

表6-10   豪斯曼检验结果

豪斯曼检验	卡方统计量	自由度	P 值	结论
个体随机效应	1.383795	5	0.9261	不拒绝
时间随机效应	24.972038	5	0.0001	拒绝

资料来源：Eviews 统计输出。

表6-11   中部地区高校科技创新对经济高质量发展影响的模型估计表

变量	模型
C	0.175177 *** （4.474268）
CXL	0.160216 *** （3.609907）
PGDP	-1.10E-06 ** （-2.193923）
DSCY	-0.000272 （-0.412602）
KJZC	0.021570 *** （5.994856）
JCK	0.000610 （1.392090）
R^2	0.787009
$\overline{R}^2$	0.742636
F	17.73621

注：*、**、*** 分别表示在10%、5%、1%的显著性水平下显著。
资料来源：Eviews 统计输出。

综合上述结果，估计出的回归方程为：

$$HQD_{it} = 0.175177 + 0.160216CXL_{it} - 1.10e^{-6}PGDP_{it} + 0.000272DSCY_{it}$$
$$+ 0.021570KJZC_{it} + 0.000610JCK_{it} \tag{6-4}$$

从中部地区面板数据模型的回归结果来看，中部地区高校科技创新能力的系数为0.160216，并在1%的显著性水平下通过检验。从中部地区其他控制变量对经济高质量发展影响系数来看，科技支出占比对经济高质量发展的影响系数最高，并且通过了1%显著性水平下的检验，说明中部地区科技财政支出占比的提高能够显著促进经济高质量发展水平的提升，因此中部地区要重视科技支出对经济高质量发展的影响。

（四）西部地区高校科技创新对经济高质量发展的作用分析

1. 单位根检验和协整检验

根据表 6-12 单位根检验结果可知，所有变量一阶差分后均为平稳序列，表明所有变量均属于一阶单整，具备进行协整检验的条件。对变量进行协整检验后，基于 Kao 检验得到 P 值为 0，拒绝不存在协整关系的原假设，说明变量之间存在长期均衡关系。

表 6-12　　　　　　　　　面板数据单位根检验结果

变量	IPS 检验		ADF 检验	
	T 统计量	P 值	T 统计量	P 值
HQD	1.58064	0.9430	13.4136	0.9210
CXL	0.99693	0.8406	19.9834	0.5841
PGDP	2.76739	0.9972	13.1595	0.9286
DSCY	3.07210	0.9989	11.2908	0.9703
KJZC	0.79581	0.7869	21.1347	0.5124
JCK	-0.77747	0.2184	28.1896	0.1695
D（HQD）	-3.56699***	0.0002	41.1094***	0.0080
D（CXL）	-2.25475**	0.0121	60.9154***	0.0000
D（PGDP）	-2.12534**	0.0168	40.8040***	0.0087
D（DSCY）	-3.41137***	0.0003	50.3193***	0.0005
D（KJZC）	-1.87973**	0.0301	50.9260***	0.0004
D（JCK）	-1.85258**	0.0320	49.0501***	0.0008

注：*、**、***分别表示在 10%、5%、1% 的显著性水平下显著。
资料来源：Eviews 统计输出。

2. 模型估计

通过对西部地区 11 个省（市）的 2008~2018 年面板数据分析选择合适的面板模型，选择个体效应和时间效应进行研究。首先进行个体效应的豪斯曼检验，其次对时间效应进行豪斯曼检验，最后通过豪斯曼检验选择固定效应还是随机效应。根据豪斯曼检验结果，拒绝选择随机效应的原假设，建立固定效应模型，综合比较最终选用时间固定效应模型。豪斯曼检验和时间固定效应模型回归结果如表 6-13、表 6-14 所示。

表 6 – 13　　　　　　　　　　豪斯曼检验结果

豪斯曼检验	卡方统计量	自由度	P 值	结论
个体随机效应	13. 895937	5	0. 0163	拒绝
时间随机效应	28. 249765	5	0. 0000	拒绝

资料来源：Eviews 统计输出。

表 6 – 14　　　西部地区高校科技创新对经济高质量发展的模型估计表

变量	模型
C	0. 039228 ** （2. 211871）
CXL	0. 272777 *** （14. 61796）
PGDP	5. 27E – 07 *** （4. 495714）
DSCY	0. 001340 *** （3. 703717）
KJZC	0. 021602 *** 5. 207619
JCK	0. 000845 *** （4. 695552）
R^2	0. 885037
$\overline{R}^2$	0. 868614
F	53. 88940

注：* 、** 、*** 分别表示在 10% 、5% 、1% 的显著性水平下显著。
资料来源：Eviews 统计输出。

综合上述结果，估计出的回归方程为：

$$HQD_{it} = 0.039228 + 0.272777 CXL_{it} + 5.27e^{-7} PGDP_{it} + 0.001340 DSCY_{it}$$
$$+ 0.021602 KJZC_{it} + 0.000845 JCK_{it} \qquad (6 – 5)$$

上式表明：西部高校科技创新对经济高质量发展的影响系数为 0. 272777，并通过了 1% 的显著性水平检验，说明西部地区高校科技创新能力对西部地区经济高质量发展水平的提升具有明显的促进作用。科技财政支出所占比重对于经济高质量发展同样具有明显的促进作用，可以看出西部地区科技支出对于经济高质量发展的促进作用具有较大潜力。考虑到西部地区高校科技创新对经济高质量发展的拉动作用较为显著，并且西部地区高校科技创新力量存在较为薄弱的现象，因此要加大对西部地区科技创新的投入力度，更好发挥西部地区高校科技创新驱动经济高质量发展的作用。

（五）不同地区高校科技创新对经济高质量发展的影响差异比较

通过上述分析可以发现，我国三大地区的高校科技创新能力的系数都是正数，说明这三个地区高校科技创新对经济高质量发展水平的提升具有正向的促进作用。首先从影响系数的数值来看，高校科技创新影响系数最大的是西部地区，影响系数为 0.272777，其次是东部地区，影响系数为 0.266688，中部地区的影响系数比较小，为 0.160216。其次从显著性来看，三个地区均通过 1% 的显著性水平检验，说明三个地区高校科技创新对经济高质量发展水平的提高具有一定的正向作用。

根据以上分析可以得到我国三个地区高校科技创新对经济高质量发展影响存在差异，中部地区高校科技创新能力促进经济高质量发展水平提升的影响系数较小，表明中部地区的高校科技创新能力与经济高质量发展的匹配度较低，说明需要协调好高校科技创新与经济高质量发展之间的关系，才能更好发挥高校科技创新促进经济高质量发展的作用。

各地区要充分发挥高校科技创新对于经济高质量发展水平提升的促进效应，持续提高高校科技创新能力，缩小东部、中部、西部的经济差异，实现全国范围内的经济高质量发展。

第二节　京津冀地区高校科技创新对区域经济增长贡献分析

为分析京津冀地区高校科技创新对区域经济增长的具体影响，使京津冀地区经济得到更好的发展，将通过计算得出京津冀地区高校科技创新对经济增长的贡献率。

一、理论分析

本书发现索罗余值法因形式简单、含义明确，被广泛应用在技术效率的研究中。该方法基于柯布－道格拉斯生产函数（C－D生产函数），将影响产出的因素简化为三个方面，即科技、资本、劳动。全要素生产率（TFP）表示在总和一定的产出情况下，去掉劳动、资本两个影响因素后，剩余影响因素的总和（即科技）。

建立柯布－道格拉斯生产函数模型：

$$Y_t = TFP \times K_t^{\alpha} \times L_t^{\beta} \qquad (6-6)$$

式（6－6）中，Y_t 表示 t 时期的总产出；TFP 为全要素生产率；K_t 为相对应的物质资本存量；L_t 为相对应的劳动投入；α 为资本投入的产出弹性，并且 $\alpha > 0$；β 为劳动投入的产出弹性，并且 $\beta > 0$。

为了对全要素生产率进行估算，将式（6－6）进行移项处理，得到全要素生产率的计算公式：

$$TFP = \frac{Y_t}{K_t^{\alpha} \times L_t^{\beta}} \qquad (6-7)$$

计算全要素生产率的增长率，即技术进步率，以此来对地区经济增长的质量进行衡量，计算公式如下：

$$\lambda_t = \frac{\Delta TFP_t}{TFP_{t-1}} \qquad (6-8)$$

式（6－8）中，TFP_{t-1} 为地区第 t－1 期的全要素生产率；ΔTFP_t 为地区第 t 期与第 t－1 期的全要素生产率的差值，即 $\Delta TFP_t = TFP_t - TFP_{t-1}$，用来对地区科技的增长量进行衡量。

技术进步率年均增长率的计算公式如下：

$$\lambda = \left(\sqrt[t-1]{\frac{TFP_t}{TFP_{t-1}}} - 1 \right) \times 100\% \qquad (6-9)$$

计算总产出的增长率，即经济增长速度的计算公式如下：

$$y_t = \frac{\Delta Y_t}{Y_{t-1}} \qquad (6-10)$$

式（6－10）中，Y_{t-1} 为地区第 t－1 期的产出量；ΔY_t 为地区第 t 期与第 t－1 期的产出量的差，$\Delta Y_t = Y_t - Y_{t-1}$。

计算经济的年均增长率的计算公式如下：

$$y = \left(\sqrt[t-1]{\frac{Y_t}{Y_{t-1}}} - 1 \right) \times 100\% \qquad (6-11)$$

科技进步对经济增长的贡献率的计算公式如下：

$$E_{\lambda} = \frac{\lambda}{y} \times 100\% \qquad (6-12)$$

计算出区域整体科技水平的进步对经济增长的贡献率后，再进一步对高校科技创新对经济增长的贡献率进行计算。

科技水平的进步在柯布－道格拉斯函数中表现为全要素生产率的增长量，科技进步又产生于高校、工业企业、科研与研发机构。从科研人员和经费投入角度对科技进步水平进行分析，可划分为三个方面，即高校、工业企业和研发机构。将研发人员全时当量作为人员投入指标，研发经费内部支出作为经费投入指标，高校、工业企业、研发机构作为大类指标，各自的人员和经费投入作为细分指标，运用熵权法计算出各自比重后进行加权汇总，获得各地区的高校、工业企业、研发机构的评分所占比重。将各机构在科技进步所占的比例定义为其在全要素生产增量中所占的比例后，得到各地区三方产生的增量，再计算出各地区各方的科技进步增长分量和各自的科技增长分量，最终计算出科技进步对经济增长的贡献率。

依据高校在区域整体科技进步中所占的比例，计算出地区高校的科技增长分量，设定 $\Delta TFP'_t$ 为地区高校的科技增长分量，则高校科技进步的计算公式如下：

$$\lambda'_t = \frac{\Delta TFP'_t}{TFP'_{t-1}} \tag{6-13}$$

依据式（6－12）可知，高校科技进步对经济增长贡献率计算公式如下：

$$E'_\lambda = \frac{\lambda'_t}{y_t} \times 100\% \tag{6-14}$$

式（6－14）中，λ'_t 为高校科技进步率，y_t 为总产出的增长率，即经济增长速度。

经过上面的理论分析，京津冀地区高校科技创新对经济增长的测算主要按以下几个步骤进行：

（1）对劳动（L）、资本存量（K）、产出（Y）三个变量的值进行测算，再计算出参数 α 和 β 的值。

（2）依据式（6－7）计算出全要素生产率的值，依据式（6－8）进一步计算出科技进步率（λ）。

（3）依据式（6－10）计算出经济增长率（y）。

（4）依据式（6－12）计算出京津冀地区科技进步对经济增长的贡献率。

（5）从投入角度出发，建立指标体系，依据熵权法计算区域高校的科技进步占区域的比重，进一步计算出地区高校的科技增长分量。

（6）依据式（6－13）、式（6－14）计算出京津冀地区高校科技创新对经济增长的贡献率。

二、数据处理

本书研究了 2008～2018 年京津冀地区高校科技创新能力对经济增长的影响，变量数据以 2008 年为基期，但通过上述理论分析和对相关文献的研读，认为以 2000 年为基期更合适。

（一）变量数据处理

主要是对劳动（L）、资本存量（K）、产出（Y）这三个变量进行测算并进行详细的变量说明。

劳动（L）：在查找京津冀三个地区的年底就业人数时，为保持数据的平稳性，将数据进行调整：2000 年和 2018 年的劳动人数仍为各自的年底就业人数，但 2001～2017 年的劳动人数为其前一期、后一期以及本期年底就业人数的平均数。

资本存量（K）：依据永续盘存法 $K_{it} = K_{it-1}(1-\delta) + I_{it}$ 对资本存量的定量计算。选定当年投资量（I）为实际的固定资本形成总额，用来核算当年的投资量。

产出（Y）：以北京市地区生产总值、天津市地区生产总值、河北省地区生产总值分别作为各自的总产出。各地区生产总值均以 2000 年为基期，再根据其地区生产总值得出。

数据主要来源为 2001～2019 年《中国统计年鉴》《中国科技统计年鉴》《北京统计年鉴》《河北经济年鉴》和《天津统计年鉴》。

（二）α 和 β 值的确定

为了估算全要素生产率，需要先对资本投入的产出弹性（α）和劳动投入的产出弹性（β）的值进行估计。假设规模报酬不变的情况下，即 $\alpha + \beta = 1$，对上述公式进行移项后，得出 $\beta = 1 - \alpha$。依据大量文献及权威数据研究，最终采用经验值法将全社会资本产出弹性 α 设定为 0.3，并给出权威的调整公式见式（6-15），得出更能反映京津冀地区实际情况的产出弹性 α 和 β 参数值。

$$\alpha^* = \alpha\ln\left[e - 1 + \frac{\left(\dfrac{1}{T}\sum\limits_{t=1}^{T}\dfrac{K_{it}}{L_{it}}\right)}{\left(\dfrac{1}{T}\sum\limits_{t=1}^{T}\dfrac{K_t}{L_t}\right)}\right] \qquad (6-15)$$

式（6-15）中，α^*为京津冀地区的修正的资本产出弹性系数，K_{it}表示京津冀地区中第 i 个地区第 t 年的资本存量；K_t表示全国第 t 年的资本存量；L_{it}表示京津冀地区中第 i 个地区第 t 年的劳动力人数；L_t表示全国第 t 年的劳动力人数。修正的劳动力弹性系数为$\beta^* = 1 - \alpha^*$。

（三）指标数据处理

科技进步主要产生于高校、工业企业和研发机构，若将高校科技创新指标体系直接应用在测算工业企业、研发机构上，容易出现指标信息不存在、指标信息不明确和指标信息冗余等问题。因此要从投入角度出发，分别建立适用于京津冀地区的科技创新能力指标体系。科技投入主要包括人力、财力的投入，即科研人员和经费投入。选取研发人员全时当量作为人员投入指标，研发经费内部支出作为经费投入指标，运用熵权法计算出得分后进行加权汇总，作为各地区的高校、工业企业、研发机构的评分。

本书数据采用 2008～2018 年京津冀地区高校、工业企业、研发机构在研发人员全时当量投入数和经费投入数，数据来源于 2009～2019 年《高等学校科技统计资料汇编》《中国统计年鉴》《中国科技统计年鉴》《北京统计年鉴》《河北经济年鉴》和《天津统计年鉴》。

三、计量分析

对 2008～2018 年京津冀高校科技创新对经济增长贡献率所需要的数据进行说明后，开始计量分析。

第一步，参数值的确定。

经过上一节数据处理的分析，分别对 2000～2018 年京津冀地区的劳动（L）、资本存量（K）、产出（Y）的数值进行计算。

依据经验法，将京津冀地区的劳动（L）、资本存量（K）、产出（Y）的具体数值代入式（6-15）中，对京津冀地区资本投入的产出弹性（α）和劳动投入的产出弹性（β）进行估计，得出京津冀地区修正后的参数 α 和 β 的值，如表 6-15 所示。

表 6 – 15   京津冀地区的参数 α 和 β 的值

省（市）	α	β
北京	0.40	0.60
天津	0.47	0.53
河北	0.29	0.71

资料来源：作者整理。

第二步，计算京津冀地区全要素生产率。

依据式（6 – 7），计算出京津冀地区 2008 ~ 2018 年全要素生产率的值，具体结果如表 6 – 16 所示。

表 6 – 16   京津冀地区的 TFP 值

年份	北京市 TFP 值	天津市 TFP 值	河北省 TFP 值
2008	2.0117	1.8790	1.8677
2009	2.0882	1.8787	1.9321
2010	2.1619	1.8999	2.0435
2011	2.1958	1.9131	2.1328
2012	2.2157	1.9154	2.1999
2013	2.2519	1.9254	2.2620
2014	2.2953	1.9269	2.3149
2015	2.3382	1.9799	2.3987
2016	2.3600	2.0723	2.4930
2017	2.3982	2.0846	2.6079
2018	2.4833	2.1096	2.7377

资料来源：作者整理。

对比京津冀三个地区的 TFP 值可以看出，这三个地区的 TFP 值基本都呈上升趋势。北京地区的 TFP 值最高为 2.4833，天津地区的 TFP 值最高为 2.1096，河北地区的 TFP 值最高为 2.7377。

第三步，计算京津冀地区技术进步率和经济增长速度。

依据式（6 – 8）、式（6 – 10）计算出京津冀三个地区 2008 ~ 2018 年的技术进步率和经济增长速度，具体结果如表 6 – 17 所示。

表6-17 京津冀地区的技术进步率和经济增长速度

年份	北京市技术进步率	天津市技术进步率	河北省技术进步率	北京市经济增长速度	天津市经济增长速度	河北省经济增长速度
2008	0.0385	0.0070	0.0339	0.091	0.165	0.101
2009	0.0380	-0.0001	0.0344	0.102	0.165	0.100
2010	0.0383	0.0113	0.0577	0.103	0.174	0.122
2011	0.0157	0.0070	0.0437	0.081	0.164	0.113
2012	0.0091	0.0012	0.0314	0.077	0.138	0.096
2013	0.0164	0.0052	0.0282	0.077	0.125	0.082
2014	0.0192	0.0008	0.0234	0.073	0.100	0.065
2015	0.0187	0.0276	0.0362	0.069	0.093	0.068
2016	0.0094	0.0466	0.0393	0.068	0.091	0.068
2017	0.0162	0.0060	0.0461	0.068	0.036	0.066
2018	0.0355	0.0120	0.0498	0.066	0.036	0.066
平均值	0.0229	0.0113	0.0386	0.079	0.117	0.086

资料来源：作者整理。

通过对京津冀三个地区的经济增长速度的对比可以看出，北京市、天津市和河北省的经济增长速度在2010年之后基本都处于减速阶段，并且天津市的经济增长速度多数优于北京市、河北省。北京市、天津市和河北省的经济增长速度在2010年达到最高，最高的增长速度为10.3%、17.4%和12.2%。2008~2018年京津冀三个地区的经济始终处于增长的趋势，天津市经济增长的平均速度为11.7%，北京市经济增长的平均速度为7.9%，河北省经济增长的平均速度为8.6%。通过对京津冀三个地区的技术进步率进行对比可以看出，北京市、天津市和河北省的技术进步率并没有显著的变动趋势，但河北省的技术进步率多数都高于北京市和天津市。北京市的技术进步率在2008年达到最高，最高的数值为3.85%；天津市的技术进步率在2016年达到最高，最高的数值为4.66%；河北省的技术进步率在2010年达到最高，最高的增长速度为5.77%。河北省技术进步率的平均值为3.86%，高于北京市和天津市。值得一提的是，北京市和河北省的全要素生产率数值始终处于增长的趋势，因此北京市、河北省技术进步率均处于正值；而天津市2009年的全要素生产率低于2008年，使2009年天津市的技术进步率处于负值。

第四步，计算京津冀地区科技进步对经济增长的贡献率。

依据式（6-12），计算出京津冀三个地区2008～2018年技术进步对经济增长的贡献率，结果如表6-18所示。

表6-18 京津冀地区技术进步贡献率

年份	北京市技术进步贡献率	天津市技术进步贡献率	河北省技术进步贡献率
2008	0.4345	0.0455	0.3491
2009	0.3843	-0.0010	0.3557
2010	0.3538	0.0699	0.4870
2011	0.1998	0.0456	0.3995
2012	0.1216	0.0093	0.3379
2013	0.2185	0.0442	0.3532
2014	0.2709	0.0081	0.3671
2015	0.2775	0.3050	0.5405
2016	0.1412	0.5237	0.5861
2017	0.2462	0.1655	0.7050
2018	0.5456	0.3371	0.7600
平均值	0.2904	0.1412	0.4765

资料来源：作者整理。

由表6-17和表6-18可知，2008～2018年北京地区的技术进步率的平均值约为2.29%，而经济增长速度的平均值为7.9%，北京地区科技进步对经济增长的贡献率约为29.04%，表示技术进步率每增长1%，该地区的地区生产总值将增加29.04%。

2008～2018年天津地区的技术进步率的平均值约为1.13%，而经济增长速度的平均值为11.7%，天津地区科技进步对经济增长的贡献率约为14.12%，表示技术进步率每增长1%，该地区的地区生产总值将增加14.12%。

2008～2018年河北地区的技术进步率的平均值约为3.86%，而经济增长速度的平均值为8.6%，河北地区科技进步对经济增长的贡献率约为47.65%，表示技术进步率每增长1%，该地区的地区生产总值将增加47.65%。

第五步，计算京津冀地区高校科技创新对经济增长的贡献率。

运用熵权法，得到研发人员及研发经费两个指标的权重，从而计算出各地区在两个方面的得分，用相应得分除以各地区两个指标的总得分，计算出研发人员投入占比和研发经费投入占比。将高校、工业企业、研发机构视为大类指标，各自的人员和经费投入作为细分指标，计算出 2008～2018 年京津冀地区三个机构的人力投入和财力投入的具体权重，汇总得出各地区的高校、工业企业、研发机构的比重，作为在全要素生产率增量中所占的份额。汇总结果如表 6–19、表 6–20、表 6–21 所示。

表 6–19 北京市科技进步贡献率情况

类别	区域科技进步率（%）	区域科技贡献率（%）	科研人员投入占比（%）	科研经费投入占比（%）	科技进步贡献率占比（%）
北京市	2.29	29.04	100	100	100
高校	0.66	8.32	18.54	15.24	28.66
工业企业	0.93	11.84	28.91	22.27	40.77
研发机构	0.70	8.88	52.55	62.49	30.57

资料来源：作者整理。

从表 6–19 中可以看出，北京市的科技进步率为 2.29%，可以说，北京市的科技进步对整个地区的经济增长产生了一定的影响。区域科技贡献率达 29.04%，接近经济增长速度的三分之一。其中，北京市地区高校科研产生的科技进步率约为 0.66%，科技进步贡献率为 8.32%，低于工业企业和研发机构，工业企业的科技进步贡献率占比最大。

从北京市科研人员的投入占比和科研经费的投入占比来看，高校的研发人员约占全部科研人员投入的五分之一，高校的研发经费投入为全部经费投入的 15.24%，对经济的贡献率占比为 28.66%。工业企业的研发人员约为全部科研人员投入的 30%，研发经费投入约为全部经费投入的五分之一，对经济的贡献率占比为 40.77%。研发机构的研发人员约为北京市全部科研人员投入的二分之一，研发经费投入约为全部经费投入的 60%，对经济的贡献率占比仅为 30.57%。

表 6–20 天津市科技进步贡献率情况

类别	区域科技进步率（%）	区域科技贡献率（%）	科研人员投入占比（%）	科研经费投入占比（%）	科技进步贡献率占比（%）
天津市	1.13	14.12	100	100	100
高校	0.41	5.11	12.93	14.02	36.21
工业企业	0.35	4.39	76.27	75.04	31.10
研发机构	0.37	4.62	10.80	10.94	32.69

资料来源：作者整理。

从表6-20可以看出，天津市的科技进步率为1.13%，可以说，天津市的科技进步对整个地区的经济增长产生了一定的影响。区域科技贡献率达14.12%，约占经济增长速度的七分之一。其中，天津高校科研产生的科技进步率约为0.41%，科技进步贡献率为5.11%，略高于工业企业和研发机构，工业企业的科技进步贡献率占比最小。

从天津市科研人员的投入占比和科研经费的投入占比来看，高校的研发人员约为全部科研人员投入的十分之一，投入为全部经费投入的14.02%，而其对经济的贡献率占比为36.12%，这种占比情况与研发机构类似。研发机构的研发人员约为全部科研人员投入的10%，经费投入约为全部经费投入的十分之一，对经济的贡献率占比32.69%。工业企业研发人员约为全部科研人员投入的四分之三，经费投入约为全部经费投入的四分之三，占据了天津市大量的人力和物力，对经济的贡献率占比仅为31.10%。

表6-21 河北省科技进步贡献率情况

类别	区域科技进步率（%）	区域科技贡献率（%）	科研人员投入占比（%）	科研经费投入占比（%）	科技进步贡献率占比（%）
河北省	3.86	47.65	100	100	100
高校	1.65	20.31	11.69	4.57	42.63
工业企业	0.92	11.40	78.29	83.58	23.92
研发机构	1.29	15.94	10.02	11.85	33.45

资料来源：作者整理。

从表6-21可以看出，河北省的科技进步率为3.86%，对整个地区的经济增长产生了一定的影响。区域科技贡献率达47.65%，约占经济增长速度的二分之一。其中，河北省地区高校科技进步率约为1.65%，科技进步贡献率为20.31%，略高于工业企业和研发机构。工业企业的科技进步贡献率占比最小。

从河北省科研人员的投入占比和科研经费的投入占比来看，高校的研发人员约为全部科研人员投入的十分之一，研发经费投入仅占全部经费投入的4.57%，对经济的贡献率占比为42.63%，与研发机构类似。研发机构的研发人员约为全部科研人员投入的10%，研发经费投入为全部经费投入的11.85%，对经济的贡献率占比为33.45%。工业企业研发人员约为全部科研人员投入的五分之四，研发经费投入约占全部经费投入的五分之四，占据了河北省大量的人力和物力，但对经济的贡献率占比仅为四分之一。

　　分析河北省在京津冀地区高校科技创新对经济增长的贡献率排名第一的原因，可能是河北省相较于北京市来说，高校提升空间大，提速快；二是其他非高校机构数量少且不成熟，这就使河北省高校科技创新对经济增长的贡献率高于北京市高校科技创新对经济增长的贡献率。

第三节　高校科技创新能力对河北经济高质量发展影响分析

　　高校已成为科技创新人才和科技创新成果输出的重要来源，对区域经济高质量发展有重要作用。为了更好地服务地方经济，有必要分析河北省高校科技创新能力对经济的影响，找出高校科技创新的短板，为提高河北省高校科技创新能力提出有效建议。采用回归分析方法对河北省高校科技创新对河北省经济高质量发展的影响进行分析研究。

一、指标体系及变量选择

　　本章采用的指标体系与上文中高校科技创新指标体系类似，结合高校科研活动创新性的特点，从指标的代表性角度选择能够准确反映科技创新活动的指标，从可操作性角度选择能够获得和容易量化的数据指标，最后从科研创新投入、产出和成果转化三方面构建指标体系。

　　本书选取研发人员、研发基础经费投入、研发项目数、专利授权数和专利出售数5个指标进行研究（如表6-22所示）。投入指标分别是研发人员、研发中基础经费投入、研发项目数；成果产出及转化指标为专利授权数和专利出售数。

表6-22　　　　　　　　高校科技创新指标体系

变量		指标名称	指标说明
投入	X1	研发人员（人）	高校科技创新的人力投入
	X2	研发中基础经费投入（万元）	高校科技创新的资金投入
	X3	研发项目数（项）	高校科技创新的项目投入

变量		指标名称	指标说明
产出及转化	X4	专利授权数（项）	高校科技成果
	X5	专利出售数（项）	高校科技成果的转化

资料来源：根据《高等学校科技统计资料汇编》（2009～2019年）相关资料整理。

（一）指标说明

研发人员是指从事科学研究与试验发展活动的人员，是了解研发活动动向和科技创新实力、衡量高校科技人力投入不可或缺的指标。

研发项目又称"科研项目"，是指为解决科学技术问题所进行的研发工作，通常由多个课题构成，需要多学科共同配合。专利授权是反映科技创新产出的重要指标，据《中华人民共和国专利法》第二十二条规定，专利具有创新性、实用性才能获得专利授权，因此专利授权数能够代表科技创新产出能力。专利出售在法律意义上是指享有专利相关权利的人将其转让给政府、企业或个人的行为，专利出售数是反映高校科技创新产出服务社会能力的重要指标。

区域经济增长与高校科技创新能力具有互相促进的作用，高校科技创新能力的提升能够促进经济的高质量发展。而区域经济增长能够带来更多的创新资源，反过来促进高校技术创新，提高研发人员的积极性。

反映经济增长的指标通常有 GDP、人均 GDP 等。GDP 是指一个国家或一个地区在特定的统计时期内，所有生产要素的生产总和。人均 GDP 是指一个国家或一个地区的生产总值与该地区常住人口的比值，通常是表示生活水平的指标。本书是以区域经济高质量增长的视角进行研究，选取河北省 2008～2018 年的 GDP 总量作为因变量来分析河北省高校科技创新对经济高质量发展的影响。

（二）数据来源

高校科技创新指标数据来源于《高等学校科技统计资料汇编》（2009～2019年），经济增长指标数据来源于《河北省经济年鉴》（2009～2019年）。

二、模型介绍及设定

回归模型（regression model）是数据分析中最常用来统计变量间关系的模

型，回归分析法是回归模型最重要的方法之一，它是一种关于对两个或两个以上变量之间存在的关系进行定量描述的计算方法。回归分析法通过计算自变量和因变量之间的关系确立回归模型，不仅能够对多因素模型进行分析，分析变量之间的影响程度，还能衡量不同尺度变量之间的影响关系。

线性回归（regression analysis）通常是回归分析法的首选方法之一，指确定多个变量之间相互影响的定量分析方法。线性回归中因变量通常是连续的，但是自变量既可以是连续的，也可以是离散的，它是指使用最佳的拟合直线在因变量和一个或多个自变量之间建立一种关系。依据变量、因变量和自变量数量的多少，回归分析法有多种分类；按照变量的个数，可以分为一元回归法和多元回归分析法。

通过以上分析，选择使用多元线性回归模型研究河北省高校科技创新能力对经济增长的影响，建立计量模型如下

$$LnY = \beta_0 + \beta_1 LnX_1 + \beta_2 LnX_2 + \beta_3 LnX_3 + \beta_4 LnX_4 + \beta_5 LnX_5 + \mu \qquad (6-16)$$

其中，河北省生产总值由 Y 表示，X_1、X_2、X_3、X_4、X_5 表示自变量，β_1、β_2、β_3、β_4、β_5 为自变量的系数、μ 为随机误差项。

三、实证分析及模型检验

按照上述指标说明，整理得到实证分析的原始数据，如表6-23所示。

表 6-23 实证分析原始数据

年份	GDP（Y）	研发人数（X_1）	基础经费支出（X_2）	研发项目数（X_3）	专利授权数（X_4）	专利出售合同数（X_5）
2008	16011.97	7234	245133	1539	336	16
2009	17237.48	7192	120020	1793	409	62
2010	20394.26	7904	168174	1977	609	49
2011	24515.76	8073	216144	2199	808	85
2012	26575.01	8409	304742	2275	971	90
2013	28301.41	9228	317257	2522	1107	97
2014	29421.15	10077	274256	2210	1354	85
2015	29806.11	10218	235095	2876	2632	39
2016	32070.51	9458	277497	3032	3165	57

年份	GDP（Y）	研发人数（X_1）	基础经费支出（X_2）	研发项目数（X_3）	专利授权数（X_4）	专利出售合同数（X_5）
2017	34016.32	10882	344020	3358	3278	103
2018	32494.40	11188	383984	3836	3895	128

资料来源：根据《高等学校科技统计资料汇编》（2009～2019 年）相关资料整理。

时间序列数据大多数都是不平稳的，因此每个经济变量在回归之前需要做平稳性检验（ADF），检验结果如表 6-24 所示。

表6-24　　　　　　　　　　　ADF 检验结果

检验变量	检验形式（CTT）	t 统计量	1%	5%	10%	结果
D2LNY	（002）	-2.366958	-2.886101	-1.995865	-1.599088	平稳
D2LNX1	（002）	-2.681804	-3.007406	-2.021193	-1.597291	平稳
D2LNX2	（002）	-4.634281	-3.007406	-2.021193	-1.597291	平稳
D2LNX3	（002）	-3.415511	-2.937216	-2.006292	-1.598068	平稳
D2LNX4	（002）	-3.131463	-2.937216	-2.006292	-1.598068	平稳
D2LNX5	（002）	-2.349349	-2.937216	-2.006292	-1.598068	平稳

注：C、T、T 分别表示 ADF 检验式是否包含常数项、时间趋势项以及滞后期数。
资料来源：Eviews 统计输出。

由表 6-24 可知，LNY、LNX1、LNX5 经过二阶差分后，在 5% 的显著性水平下通过了平稳性检验，LNX2、LNX3、LNX4 经过二阶差分后在 1% 和 5% 的显著性水平上拒绝原假设，表明都通过了 5% 显著性水平下的平稳性检验，不存在单位根，说明 6 个序列都是二阶单整序列，回归结果如表 6-25 所示。

表6-25　　　　　　　　　　　回归结果

变量	系数	标准差	t 统计量	P 值
C	11.39801	4.1242	2.76369	0.0397
LNX1	-0.091271	0.43399	-0.210306	0.8417
LNX2	0.15352	0.089411	1.717007	0.1466
LNX3	-0.795885	0.37278	-2.134999	0.0859

续表

变量	系数	标准差	t 统计量	P 值
LNX4	0.446791	0.138768	3.219695	0.0235
LNX5	0.167513	0.051325	3.263767	0.0224
R^2	0.971137	Mean dependent var		10.15413
Adjusted R – squared	0.942274	S. D. dependent var		0.259312
S. E. of regression	0.062303	Akaike info criterion		– 2.411163
Sum squared resid	0.019408	Schwarz criterion		– 2.194129
Log likelihood	19.26139	Hannan – Quinn criter.		– 2.547972
F	33.64642	Durbin – Watson stat		1.919747
Prob（F – statistic）	0.000745			

注：Prob（F – statistic）=0.000745<0.05，表示自变量的待估参数不全为0。经过检验，残差服从正态分布，残差及残差的相关性检验分别如图6 – 1、表6 – 26、表6 – 27和表6 – 28所示。

资料来源：Eviews 统计输出。

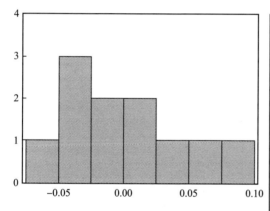

图6 – 1　残差的正态性检验

表6 – 26　　　　　　　　　残差的一阶自相关检验

F – statistic	0.939849	Prob. F（1, 3）		0.3872
Obs × R – squared	2.092844	Prob. Chi – Square（1）		0.148
Variable	Coefficient	Std. Error	t – Statistic	Prob.
C	6.840208	8.185298	0.83567	0.4504
LNX1	– 0.44785	0.635647	– 0.704558	0.5199
LNX2	0.144954	0.174494	0.830711	0.4528
LNX3	– 0.914124	1.014771	– 0.900818	0.4186

续表

F – statistic	0. 939849	Prob. F (1，3)		0. 3872
Obs × R – squared	2. 092844	Prob. Chi – Square （1）		0. 148
Variable	Coefficient	Std. Error	t – Statistic	Prob.
LNX4	0. 306094	0. 345226	0. 886648	0. 4254
LNX5	0. 093225	0. 109149	0. 854109	0. 4412
RESID （ – 1）	– 1. 59652	1. 646818	– 0. 969458	0. 3872
R^2	0. 190259	Mean dependent var		7. 97E – 16
Adjusted R – squared	– 1. 024354	S. D. dependent var		0. 044055
S. E. of regression	0. 062681	Akaike info criterion		– 2. 440385
Sum squared resid	0. 015716	Schwarz criterion		– 2. 187179
Log likelihood	20. 42212	Hannan – Quinn criter.		– 2. 599996
F	0. 156641	Durbin – Watson stat		2. 179806
Prob （F – statistic）	0. 976383			

资料来源：Eviews 统计输出。

表 6 – 27　　　　　　　　　　　残差的二阶自相关检验

F – statistic	0. 431235	Prob. F (2，2)		0. 6845
Obs × R – squared	2. 456244	Prob. Chi – Square （2）		0. 2928
Variable	Coefficient	Std. Error	t – Statistic	Prob.
C	5. 84441	9. 667401	0. 5881	0. 5881
LNX1	– 0. 427541	0. 721098	0. 595	0. 595
LNX2	0. 106291	0. 22507	0. 669	0. 669
LNX3	– 0. 674548	1. 329212	0. 6468	0. 6468
LNX4	0. 234904	0. 43834	0. 6292	0. 6292
LNX5	0. 075517	0. 133019	0. 6099	0. 6099
RESID （ – 1）	– 1. 12047	2. 290087	0. 6582	0. 6582
RESID （ – 2）	0. 328042	0. 918334	0. 7446	0. 7446
R^2	0. 223295	Mean dependent var		7. 97E – 16
Adjusted R – squared	– 1. 589017	S. D. dependent var		0. 044055
S. E. of regression	0. 070886	Akaike info criterion		– 2. 300221
Sum squared resid	0. 015075	Schwarz criterion		– 2. 010842
Log likelihood	20. 65121	Hannan – Quinn criter.		– 2. 482633
F	0. 12321	Durbin – Watson stat		2. 196459

资料来源：Eviews 统计输出。

表 6 – 28　　　　　　　　white 异方差检验（不带交叉项）

Variable	Coefficient	Std. Error	t – Statistic	Prob.
F – statistic	1. 298125	Prob. F（5, 4）		0. 3908
Obs × R – squared	6. 213489	Prob. Chi – Square（5）		0. 286
Scaled explained SS	0. 800069	Prob. Chi – Square（5）		0. 977
Variable	Coefficient	Std. Error	t – Statistic	Prob.
C	– 0. 147716	0. 066787	– 2. 211749	0. 0779
LNX1^2	0. 001071	0. 000734	1. 459301	0. 2043
LNX2^2	– 2. 45E – 05	0. 000113	– 0. 21733	0. 8365
LNX3^2	0. 001775	0. 000813	2. 183139	0. 0808
LNX4^2	– 0. 000745	0. 000325	– 2. 294662	0. 0702
LNX5^2	– 0. 000291	0. 000231	– 1. 256164	0. 2646
R^2	0. 564863	Mean dependent var		0. 001764
Adjusted R – squared	0. 129725	S. D. dependent var		0. 002066
S. E. of regression	0. 001927	Akaike info criterion		– 9. 362923
Sum squared resid	1. 86E – 05	Schwarz criterion		– 9. 145889
Log likelihood	57. 49607	Hannan – Quinn criter.		– 9. 499732
F	1. 298125	Durbin – Watson stat		2. 545955
Prob（F – statistic）	0. 39081			

资料来源：Eviews 统计输出。

残差正态性检验结果显示 P 值为 0. 844145，大于 0. 05，表明通过了随机扰动项是正态的假设。再对残差做序列自相关的 LM 检验，结果显示一阶自相关检验的 P 值为 0. 148，大于 0. 05，表明接受不存在一阶自相关的原假设；二阶自相关检验的 P 值为 0. 2928，大于 0. 05，表明接受不存在二阶自相关的原假设。在对不带交叉项的 white 异方差检验中，P 值为 0. 286，大于 0. 05，接受同方差的原假设，表明不存在异方差。所以，模型的最后回归结果为：

$$LnY = 11. 39801 - 0. 091271LnX_1 + 0. 0. 15352LnX_2 - 0. 795885LnX_3$$
$$+ 0. 446791LnX_4 + 0. 167513LnX_5 + \mu \qquad (6 - 17)$$

四、回归结果分析

表 6 – 25 中的回归结果显示，LnX_4、LnX_5 的 P 值分别为 0. 0235、0. 0224，

在5%水平上显著，表明专利授权和专利出售对河北省经济的增长起到正向促进作用，专利授权数和专利出售数每增加1%，带动河北省GDP分别提高0.447%和0.168%，LnX_3的P值为0.0859，通过10%的显著性检验，但是LnX_1、LnX_2的P值大，表明研发人员和研发中基础经费的拨入对河北经济增长的影响不显著。

综上得到以下结论：专利授权数和专利出售数对于河北省经济的增长起到正向促进作用，而河北省高校的研发人员和研发中基础经费的拨入对科技创新能力的作用没有充分发挥出来，是经济发展的短板。对此河北省不仅要重视对高校科研基础经费的投入，为高校科技创新活动奠定良好的资金基础，还要重视专利的授权和出售，促进科技创新成果服务河北省经济的发展，通过与各科研机构和各类技术企业建立持久合作，完善产学研合作机制，将更多科技创新成果带到生产过程当中，制造出更高品质的产品，提供更好的服务，将科技创新的成果转化现实生产力。

研发人员的投入原则上应对经济增长起到促进作用，但是河北省高校研发人员对河北省经济增长的影响不显著，出现这种结果的主要原因可能是：其一，科研人员创新素质不高，参与科研创新的内在动力不足，因此创新意识和创新思维是提高科技创新效率的前提；其二，合理的知识结构影响科研人员的科技创新能力，科研人员具备及时更新知识的意识和迅速更新知识的能力才能更好地将科技创新能力与经济社会相结合；其三，科研管理体系中评价机制和激励机制不完善，不利于激发科研人员参与科研工作的积极性。

研发项目应对经济发展起到显著的正向作用，但是对于河北省来讲，科研项目对经济发展影响不显著，出现这种结果的原因可能是：其一，科研项目选题缺乏创新性和实效性，脱离社会实际，导致高校科研与社会发展对接不到位；其二，科研人员投入、经费投入和科研设备不配套，导致研发项目成果转化率低；其三，项目管理体制不完善，制约了科研的发展。

第七章
技术创新对京津冀装备制造业
发展影响分析

装备制造业是将科学技术和知识转化为生产力的战略性产业，是保障区域经济发展和国家安全的重要基础。京津冀地区作为我国最具经济活力、吸纳人口最多、创新能力最优的区域之一，承担着引领经济高质量发展和区域协同发展的历史使命。在国内外环境深刻变化以及京津冀协同发展的背景下，以京津冀为研究区域探究装备制造业技术创新对经济绩效的影响，对促进京津冀装备制造业高质量发展、推动京津冀产业转型升级有重要的现实指导意义。

第一节　研究假设、变量选择与模型构建

一、理论分析与研究假设

技术是企业最具价值的资产，技术创新能力是增强企业核心竞争力的持续动力。企业提高技术创新能力有利于其在竞争市场中获得长足发展优势，符合企业长期发展战略。然而，由于技术创新具有跨期受益、高风险、信息不对称等特点，同时具有较长的制造转化周期以及较大的不确定性，在装备制造业这类高新技术产业表现得尤为明显。因此技术创新投入对企业绩效产生的影响较为复杂，可能存在滞后性。在技术创新与经济绩效的相关研究中，学者们大多使用企业研发投入衡量企业技术创新，探究其对经济绩效的影响。研发活动是

技术创新的关键环节，在提高企业自主创新能力和推动产业转型升级上发挥着重要作用，参考现有学者的研究以及数据的可获得性（单春霞等，2017；杨良明等，2018；李梦雅等，2020），选用技术创新投入作为技术创新活动开展的首要因素，技术创新投入不仅包括人力、物力、财力等有形投入，也包括信息、管理等无形投入。其中技术人员是技术创新投入的核心要素，也是技术创新模式的主体。而研发经费投入则是形成技术创新能力的前提条件，对技术创新起支持作用。鉴于此，以京津冀为研究区域，选用技术人员投入和研发经费投入占比反映技术创新能力，研究技术创新能力对装备制造业经济绩效的影响方向以及作用程度。

（一）技术人员投入与经济绩效

技术人员是企业技术创新的重要保障，是决定创新活动是否具有可持续性的关键。现有研究发现，增加技术人员投入能够显著促进经济绩效提升。通过对技术创新对企业绩效的影响研究进行梳理，主要得出以下三种观点。一是技术创新与企业绩效呈正相关关系，即技术创新有助于企业绩效的提升。例如王维等（2016）认为技术人员投入越多，企业财务绩效与核心竞争力就越强；张洪毓（2020）发现制造业中的公司通过增加科研人员比重来推进研发活动，创新企业产品、技术，使企业具有较强的竞争力。二是技术创新与企业绩效二者并非简单的线性关系，而是呈现其他关系。何郁冰等（2017）认为我国制造业上市公司初期的技术创新持续性对企业的经济绩效具有正向影响，但当技术创新持续性超过某一临界点时，技术创新持续性对企业绩效的贡献就会减弱，逐渐表现为对企业绩效呈负向影响，最终整体呈现倒"U"型。三是二者之间呈负相关关系。比如周菲等（2019）研究中小板高新技术企业时得出研发投入增加会使当期企业绩效降低（在民营企业中尤为显著）的结论；于丽瑶等（2020）研究 32 家林业上市后公司发现，研发投入中研发资金对经营绩效具有负向影响。综上所述，即使众多学者对此进行了一般性研究，也未能形成一致结论。本书将研究对象设定范围缩小，选用京津冀装备制造业为研究对象，从微观视角企业角度反映装备制造业的经济绩效。除此之外，还有部分学者发现技术人员投入对经济绩效存在不同程度的滞后性影响，比如刘萍等（2018）发现医药行业上市公司的技术人员投入对企业经济绩效在当期和滞后一期均具有显著影响；李玥辛（2019）考虑了信息技术行业的不同发展时期，发现企业技术人员比率对企业经济绩效的影响在成熟期达到最大。因此本书认为装备制造业的发展与技术人员数量成正比，即技术人员投入对装备制造业的技术转化效率及经济绩效具有正向影响，同时考虑到研发周期特点，创新投入效果显现均需要一定的时间跨度，即创新投入对企业经营绩效的提升效果无法在短期内全部显现，前期行为决策效果随着时间的推移积累而越来越强。从时间角度来看，结合现有研究，认为创新投入对企业经营绩效的影响存在一定的滞后效应。基于此本书作出以下研究假设：

H1a：技术人员投入对经济绩效具有正向影响。

H1b：技术人员投入对经济绩效具有滞后性影响。

（二）研发经费投入占比与经济绩效

研发经费投入作为研发活动的资金支持，是技术人员开展创新活动的基础，是研发新产品、新工艺的必要条件。多数学者认为研发经费能够提高企业经济绩效，比如廖中举（2013）研究浙江省制造业发现，企业研发经费投入能够为企业创造价值，使企业在市场中获得竞争优势，进而提升经济绩效；蒋天旭等（2016）发现创业板上市公司的研发经费密度能够正向促进企业绩效。王小红等（2019）对我国30个省份进行研究发现，研发经费投入能够正向促进经济绩效水平的提升，并提出增加研发经费投入可以提高新产品销售收入的水平，进而提升经济绩效。此外，也有学者关注研发经费投入的滞后性，并且验证了滞后期数具有不确定性的特征，比如杨娟（2014）发现研发经费投入能给企业带来利润，提升企业经济绩效水平，但资金投入所产生的影响是一个周期性的过程，在滞后三期才显著；郑小丹等（2015）在对通信及设备制造业上市公司的研究中得出类似结论，即研发投入与企业当期经济绩效并未表现出显著相关性，但与滞后三期的企业绩效存在显著正相关关系；周江燕（2012）通过研究71家制造业上市公司的数据，得出当期、滞后一期研发经费投入能正向促进经济绩效水平提升，而滞后二期对其并无显著影响的结论。基于此，本书认为研发经费投入与经济绩效成正比。同时由于装备制造业研发经费投入转化需要的时间较长，对经济绩效的影响可能不会在当期显著体现，因此可能具有滞后性。本书以研发经费投入占比反映经费投入状况，并作出以下研究假设：

H2a：研发经费投入占比对经济绩效具有正向影响。

H2b：研发经费投入占比对经济绩效具有滞后性影响。

（三）技术人员投入、研发经费投入占比与经济绩效

研发经费投入作为研发活动的资金支持，是技术人员开展创新活动的基础，是研发新产品、新工艺的必要条件。技术人员投入、研发经费投入占比作为技术创新投入因素，对经济绩效的影响也被众多学者所关注。大部分学者认为研发经费投入对企业绩效具有正向影响，比如史欣向和陆正华（2010）使用随机前沿分析方法对广东省民营科技企业的研发效率进行估计，发现研发经费投入对企业经济绩效具有显著正向影响；杨良明和周立新（2018）两位学者利用浙江和重庆制造业企业研发经费投入数据，实证检验了企业技术创新对企业绩效的影响，发现研发经费投入对企业绩效有显著的倒"U"型影响。上述研究表明企业研发经费投入会对经济绩效造成一些影响，但由于企业研发活动存在较长周期，使研发活动的效益及其研发成果的转化存在较大的不确定性，所以出现结果差异。若不将研发经费投入占比作为独立变量进行研究，则该变量会影响技术人员投入占比对经济绩效的回归结果，使得系数比实际增大或减小，得出与现实不相符的结论。

首先，从开始新的技术研发到最终将其投入市场的这一漫长过程中，企业的研发活动不仅受技术发展约束的影响，科研成果仍会在市场上经过一段时间的考验，在实现了商业化之后才能产生经营效益，推动企业绩效的提升。研发技术人员的能力和水平以及研发资金的投入量等因素均会在一定程度上影响企业研发活动的效率。其次，研发资金的投入量可能在一定程度上影响技术人员工作的积极性，技术人员出于维护自身形象和个人短期利益的原因可能限制研发创新投入，干扰管理者对企业绩效的判断，意味着研发人员投入和研发资金投入对企业经营绩效的影响存在重叠。最后，仅探究技术创新投入中单一因素对经济绩效的影响仍存在不足，技术人员的大量投入往往伴随着更多的研发经费投入，但在结果分析中二者共同发挥的作用均归功于单一因素，导致模型结果与实际系数存在偏差。

在相关研究中，周丹等（2019）在研究企业经济绩效交互影响时建立了模式创新因素、技术创新因素以及经济绩效的全模型。李梦雅和严太华（2020）两位学者运用2010~2016年我国深市创业板的153家企业研发投入数据，探究技术创新对企业绩效影响的潜在作用机制，为提高企业创新能力和创新投入效率提供有益参考。郭启光等（2021）从研发经费投入强度和人员投入强度两方面衡量创新投入，研究其对西部地区制造部门经济绩效的影响。在假设 H1 和假设 H2 的基础上，对技术人员比率、研发经费投入占比与经济绩

效的关系设立全关系假设，同时提出如下假设：

H3a：技术人员投入、研发经费投入占比对经济绩效具有正向影响。

H3b：技术人员投入、研发经费投入占比对经济绩效的影响具有滞后性。

（四）企业成长性的调节效应

企业成长性是企业可持续发展不可或缺的因素，企业的技术创新活动会为其带来在技术与知识体系等方面的竞争优势。同时，在提出技术创新投入对企业经济绩效具有正向影响的假设下，也应考虑企业成长性在该影响过程中可能发挥的调节作用。企业生命周期理论认为企业的成长不是匀速的，其成长的不同阶段通常会有不同的成长需求，技术创新对于企业发展的各阶段有不同的影响。创新成果需要较长的周期才能转化，对处于低企业成长性阶段的中小型企业而言，企业承担了大量的人力和资金成本，而成果的转化又存在较大的不确定性，所以长期无回报的创新投入使企业绩效下降。处于高成长阶段的企业有能力承担这份成本，因此后期能够获得更大的回报，企业将占领越来越多的市场份额，成长性也会越来越好，使企业的绩效得到提高。为了探究这一问题，许照成等（2019）在研究企业成长性对创新投入与企业绩效的关系时指出，企业成长性是企业通过对内外部各种因素进行组合优化以获取更多经济绩效的行为，并进一步指出成长性越好的企业越能发挥研发投入对经济绩效的影响；单春霞等（2017）以深市中小板的581家上市公司研发投入作为数据样本，研究技术创新对企业绩效的影响，并探讨了企业成长性对技术创新与企业绩效关系的调节效应。研究表明企业成长性对技术创新与经济绩效的关系具有正向调节作用。与此相反，杨娟（2014）发现企业成长性在调节技术人员比率与企业经济绩效关系时的作用并不显著，原因可能在于未考虑技术人员的滞后性。吴铖铖等（2020）通过研究民营上市公司发现，研发投入与企业经营绩效呈显著相关关系，而企业成长性可以正向调节两者之间的关系。基于此，提出以下研究假设：

H4：企业成长性对技术人员投入、研发经费投入占比与经济绩效的关系具有正向调节作用。

对上文的研究假设进行汇总整理，可以得到如图7-1所示的研究假设关系。

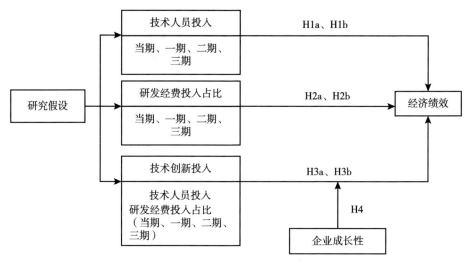

图 7 - 1　研究假设关系

二、数据来源与样本选择

（一）数据来源

本书有关技术创新与经济绩效的数据来源于国泰安数据库（CSMAR）、万得数据库（Wind）以及巨潮资讯网（CNINFO）的企业年报数据。数据收集整理年份为 2012 ~ 2019 年。具体包括金属制品业（C33），通用设备制造业（C34），专用设备制造业（C35），交通运输设备制造业（C36、C37），电气机械及器材制造业（C38），通信设备、计算机及其他电子设备制造业（C39），仪器仪表及文化办公用机械制造业（C40）。将以上七个子行业数据加总，得到装备制造业数据。

（二）样本选择

由于上市公司生产经营更具规模化，管理更具规范化，故选取京津冀装备制造业的上市公司为具体研究样本。通过整理 2012 ~ 2019 年京津冀装备制造业（C33 - C40）各年份数据，基于研究对象的连续性，为获得科学全面的研究数据，对京津冀装备制造业上市公司的样本数据进行如下筛选。

首先按照装备制造行业的分类标准，从现有数据中筛选出具有连续数据的上市公司；

其次为保证经济绩效数据的完整性和可靠性，剔除 ST 和 ST＊以及数据年份短缺、数据指标大量缺失的上市公司；

最后参照刘行等（2016）的做法，剔除经济绩效指标值超过（－4，4）区间的异常样本以及其他变量波动幅度过大的上市公司。

经过严格的数据筛选后，从京津冀装备制造业上市公司中选取了符合条件的 66 家公司，共计 528 条数据。其中北京 44 家，天津 9 家，河北 13 家。具体公司分布如表 7 － 1 所示。

表 7 －1　　　　　　　京津冀装备制造业上市公司地区分布

省份	行业	上市公司名称
北京	C33	安泰科技、奥瑞金
	C35	经纬纺机、乐普医疗、华力创通、博晖创新、三一重工、万东医疗、金自天正、天地科技、航天长峰、京运通
	C36、C37	京威股份、福田汽车、鼎汉技术、中航电子、中国中车、中国重工
	C38	北京科锐、合康新能、四方股份
	C39	京东方 A、紫光股份、中科三环、北斗星通、汉王科技、合众思壮、海兰信、数码科技、晓程科技、佳讯飞鸿、北京君正、三盛教育、利亚德、东土科技、同方股份、中国卫星、大唐电信、航天信息、大恒科技、动力源、北方导航、北矿科技
	C40	雪迪龙
天津	C35	赛象科技、九安医疗、津膜科技、长荣股份
	C36、C37	天汽模
	C38	富通鑫茂、百利电气
	C39	天津普林、天津磁卡
河北	C33	新兴铸管、巨力索具
	C34	博深股份
	C35	河钢资源、冀东装备、晶澳科技、冀凯股份
	C36、C37	凌云股份、长城汽车
	C38	保变电气
	C39	东旭光电、紫光国微
	C40	先河环保

资料来源：国泰安数据库（CSMAR）、万得数据库（Wind）以及巨潮资讯网（CNINFO）相关资料。

（三）变量选取

1. 被解释变量

经济绩效（COR）：经济绩效是一个综合性指标，不仅能体现企业的盈利状况，还反映了企业的发展、经营以及偿债能力。通过参考相关研究，本书选取 8 个指标以体现装备制造行业经济发展的综合水平，即经济绩效为 8 个二级指标进行因子分析形成的综合评价值。如表 7 - 2 所示。

表 7 - 2   装备制造业经济绩效的指标体系

一级指标	二级指标	指标符号	指标解释
盈利能力	总资产净利润率（%）	ROA	净利润/总资产余额
	营业利润率（%）	OPR	营业利润/营业收入
	成本费用利润率（%）	TPCR	利润总额/（营业成本 + 销售费用 + 管理费用 + 财务费用）
发展能力	总资产增长率（%）	TAGR	（本期期末资产总计值 - 本期期初资产总计值）/本期期初资产总计值
	资本保值增值率（%）	EGR	本期期末所有者权益合计/本期期初所有者权益合计所有者权益
经营能力	存货周转率（%）	IT	营业成本/存货期末余额
偿债能力	流动比率（%）	CR	流动资产/流动负债
	速动比率（%）	AR	（流动资产 - 存货）/流动负债

资料来源：万得数据库（Wind）。

2. 解释变量

（1）技术人员投入（TECH）。孙鹏（2014）在研究创新投入对制造业结构的影响时，把制造业子行业划分成技术密集型行业和非技术密集型行业。其中，在装备制造业的七个子行业中，除金属制品业外的其他六个子行业均属于技术密集型行业，表明装备制造业整体归属于技术密集型行业。这不仅需要大量科学技术人员的参与来推动研发活动的顺利进行，也对技术人员的素质提出了较高要求。在研发活动中，技术人员投入与研发活动的创新程度和经济绩效成正比。因此本书用技术人员数量反映装备制造业科技人员的投入情况。

$$技术人员投入 = Ln(技术人员数量)$$

（2）研发经费投入占比（BUD）。装备制造业作为技术密集型行业不仅需要技术人员的投入，还需要大量研发资金投入以促进技术创新活动的启动与推进。研发资金在技术研发活动中对技术创新起保障作用。一般来说，研发经费投入与行业技术创新能力、经济绩效成正比。根据多位学者的研究（戴志敏等，2020；刘云等，2020），兼顾指标的稳定性，选用研发经费投入占比衡量研发经费投入情况。

$$研发经费投入占比 = 企业研发金额/企业营业收入$$

3. 调节变量

企业成长性（GRO）。根据现有对企业成长性调节技术创新与经济绩效关系的研究，企业成长性好代表企业的资源投入整合优化强，技术创新水平高；而企业成长性差是指由于资源整合能力不足使得创新活动停滞不前，进而导致经济绩效水平下降。通过借鉴李娟（2014）和单春霞等（2017）的做法，用当期主营收入与上期主营收入的差值比表示企业成长性。从公式来看，主营收入增长率反映企业在市场中的占有量，主营收入增长越多，企业成长性越好，越能提升经济绩效。

$$企业成长性 = (当期主营收入 - 上期主营收入)/上期主营收入$$

4. 控制变量

（1）企业规模（SIZE）。一般而言，大规模的企业意味着拥有较多资源和较低的成本，相较于小规模企业而言，更能促使企业增加经济效益、提高运行效率（陈娟，2020）。尤其是对装备制造业来说，装备制造业生产的产品设备体积相对较大，对企业规模提出了一定要求。在一定限度内，企业规模越大，产品研发并实现转化的能力就越高，经济绩效提升越快。若企业规模较小，就会影响企业生产效率，降低经济效益。根据上述研究可以发现，企业规模会对研究结果产生影响，因此需要把企业规模变量纳入控制范畴。一般而言，企业规模可以用营业收入、员工数量、总资产等指标来反映，然而装备制造业行业较为特殊，总资产指标相对来说更为稳定。考虑到总资产数值相对较大，故选择用总资产的自然对数来表示。

$$企业规模 = Ln(企业年末总资产)$$

（2）现金实力（CASH）。现金实力反映了企业资产可自由流动的能力。作为企业的流动资产，企业通过对"现金"的进一步分配来提升企业的资源整合能力，进而促进经济绩效的增长。所以，现金实力是影响经济绩效的重要因素之一。参考裴婧（2019）对现金实力的表述，选用货币资金与交易性金融资产之和比总资产表示现金实力，具体公式如下。

$$现金实力 = (货币资金 + 交易性金融资产)/总资产$$

（3）资产负债率（LEV）。资产负债率是指负债在总资产中所占的比例，在一定程度上反映企业吸收负债的能力。企业通过负债可以进行更多的生产经营活动，进而增加经营成果，提升经济绩效。但是应注意企业资产负债率的利息率要小于企业经营的利润率，否则会适得其反。总体来说，装备制造业的资产负债率处于合理水平会促进经济绩效的增加，具体公式如下。

$$资产负债率 = 负债/资产总额$$

（4）独立董事比例（DEP）。独立董事是指独立于公司股东且不在公司内部任职，与公司或公司经营管理者没有重要的业务联系或专业联系，并对公司事务作出独立判断的董事。独立董事数量越多，上市公司的决策效果就越客观、公正，公司运行的经济效率就会不断提高，经济绩效也会持续提升。依据张洪毅（2020）选用独立董事人数与董事总人数之比反映独立董事状况。

$$独立董事比例 = 独立董事人数/董事总人数$$

（5）劳动力规模（LAB）。劳动力规模通过对企业年末员工人数取对数来衡量，能够间接反映企业的经营状况。劳动力规模决定了企业产品成本的高低，而产品成本在一定程度上决定了竞争力的大小；劳动力规模的稳定性反映了企业发展的稳定性。劳动力规模大小和稳定性的提高有利于企业竞争力提升，也会促进经济绩效的增加，具体公式如下。

$$劳动力规模 = Ln(企业年末员工人数)$$

5. 变量汇总

对被解释变量、解释变量、调节变量、控制变量进行汇总，如表7-3所示。

表7-3　　　　　　　　　　　　　变量定义和说明

类别	变量名称	变量符号	变量定义
被解释变量	经济绩效	COR	进行因子分析所形成的综合评价值
解释变量	技术人员投入	TECH	Ln(技术人员数)
	研发经费投入占比	BUD	企业研发金额/企业营业收入
调节变量	企业成长性	GRO	(当期主营收入 - 上期主营收入)/上期主营收入
控制变量	企业规模	SIZE	Ln(企业年末总资产)
	现金实力	CASH	(货币资金 + 交易性金融资产)/总资产
	资产负债率	LEV	负债/资产总额
	独立董事比例	DEP	独立董事人数/董事总人数
	劳动力规模	LAB	Ln(企业年末员工人数)

资料来源：由作者整理。

（四）模型构建

面板数据回归模型是针对既有横截面数据、时间数据以及根据两种或两种以上变量间相互依赖的定量关系而建立的模型，通常包括混合回归模型、固定效应模型以及随机效应模型。本书通过如下几个步骤对技术创新与经济绩效的关系构建了面板数据回归模型：首先，建立控制变量与经济绩效模型，验证控制变量对经济绩效的影响，即式（7-1）；其次，在控制变量与经济绩效关系模型基础上，分别加入技术人员投入以及研发经费投入占比变量，再分别与经济绩效构建模型，以验证研究假设 H1 和研究假设 H2，即式（7-2）和式（7-3）；再次，将式（7-2）和式（7-3）中对经济绩效有影响的变量放入式（7-1）中，构建式（7-4），验证研究假设 H3；最后，借鉴温忠麟等（2005）对调节效应进行模型构建的方法，在式（7-4）的基础上引入企业成长性和企业成长性分别与技术人员投入、研发经费投入占比的乘积，形成调节效应公式，即式（7-5），以验证研究假设 H4。具体表达式如下。

（1）控制变量对经济绩效的影响：

$$COR_{it} = \partial + \beta Z_{it} + \varepsilon \tag{7-1}$$

（2）技术人员投入对经济绩效的影响：

$$COR_{it} = \partial + \beta Z_{it} + \sum_{j=0}^{k} \gamma_j TECH_{it-j} + \varepsilon \tag{7-2}$$

（3）研发经费投入占比对经济绩效的影响：

$$COR_{it} = \partial + \beta Z_{it} + \sum_{j=0}^{k} \gamma_j BUD_{it-j} + \varepsilon \tag{7-3}$$

（4）技术人员投入、研发经费投入占比对经济绩效的影响：

$$COR_{it} = \partial + \beta Z_{it} + \sum_{j=0}^{k} \gamma_j TECH_{it-j} + \gamma_4 BUD_{it} + \varepsilon \tag{7-4}$$

（5）企业成长性对技术人员投入、研发经费投入占比与经济绩效关系的调节效应：

$$COR_{it} = \partial + \beta Z_{it} + \sum_{j=0}^{k} \gamma_j TECH_{it-j} + \gamma_4 BUD_{it} + \kappa GRO_{it} + \sum_{j=0}^{k} \lambda_j GRO_{it}$$
$$\times TECH_{it-j} + \lambda_4 GRO_{it} \times BUD_{it} + \varepsilon \tag{7-5}$$

其中，Z_{it} 是控制变量，包括企业规模、现金实力、资产负债率、独立董事比例；k 最大取值为3，在式（7-2）至式（7-5）中，k 逐步增大，用来反映解释变量滞后期数的增加；i 表示京津冀装备制造业第 i 家上市公司，

t 表示年份，$TECH_{it-j}$、BUD_{it-j} 分别表示第 i 家企业第 t-j 年的技术人员投入量的自然对数、研发经费投入占比；GRO_{it} 表示第 i 家企业第 t 年的企业成长性；$GRO_{it} \times TECH_{it-j}$ 表示第 i 家企业第 t 年的企业成长性与第 t-j 期技术人员投入乘积；$GRO_{it} \times BUD_{it}$ 表示第 i 家企业第 t 年的企业成长性与第 t 期研发经费投入占比乘积；∂、β、γ、κ、λ 分别为各变量的系数，ε 为随机误差项。

第二节　变量统计分析

本书运用 SPSS22.0 对 66 家京津冀装备制造业企业的被解释变量、解释变量、调节变量以及控制变量进行描述性统计分析，其中，衡量内容包括最小值、最大值、平均值以及标准差。

一、被解释变量描述性统计分析

根据表 7-4 可知，经济绩效（COR）的最小值均小于 0，并处于 -0.486 ~ -0.150 区间，最大值范围为 12.710 ~ 33.018 区间，表明京津冀装备制造业企业波动幅度较小，经济绩效处于稳定发展之中。

表 7-4　　　　　　　　　　被解释变量描述性统计结果

变量	年份	最小值	最大值	平均值	标准差
COR	2015	-0.291	33.018	1.995	4.013
	2016	-0.150	28.351	2.202	3.605
	2017	-0.486	32.621	1.881	3.973
	2018	-0.348	26.407	1.794	3.247
	2019	-0.448	12.710	1.418	1.762

资料来源：SPSS 统计输出。

二、解释变量描述性统计分析

根据表 7-5 可知，技术人员投入（TECH）最小值处于 2.833 ~ 4.290 区间，最大值处于 10.377 ~ 10.459 区间，波动范围较小，表明京津冀装备制造

企业技术人员投入数量范围较为稳定。技术人员投入平均值处于 6.517 ~
6.727 区间，且呈递增趋势，结合最小值、最大值变化，可以发现装备制造业
中技术人员投入的增加使得京津冀装备制造业企业整体呈上升趋势，表明该行
业对技术人员的需求越来越多。

　　研发经费投入（BUD）占比的最小值处于 0.001 ~ 0.005 区间，最大值处
于 0.265 ~ 0.728 区间，最小值和最大值相差较大，表明研发经费投入在不同
企业间的差异较为明显。结合平均值来看，平均值处于 0.072 ~ 0.079 区间，
波动范围较小，表明近五年发展稳定，进一步说明了虽然企业间经费投入差距
过大，但是装备制造业整体研发经费投入处于稳定状态。

表 7 – 5　　　　　　　　　　解释变量描述性统计结果

变量	年份	最小值	最大值	平均值	标准差
TECH	2015	4.290	10.377	6.517	1.411
	2016	4.277	10.454	6.540	1.434
	2017	4.060	10.398	6.678	1.400
	2018	3.466	10.402	6.685	1.454
	2019	2.833	10.459	6.727	1.452
BUD	2015	0.005	0.728	0.079	0.098
	2016	0.001	0.443	0.077	0.073
	2017	0.001	0.308	0.072	0.059
	2018	0.003	0.285	0.073	0.054
	2019	0.003	0.265	0.078	0.053

资料来源：SPSS 统计输出。

三、调节变量描述性统计分析

　　由表 7 – 6 可知，企业成长性（GRO）的最小值均为负值且处于 – 0.570 ~
– 0.240 区间，表明近五年京津冀装备制造业企业可持续发展能力较差。最大
值处于 0.780 ~ 58.840 区间，差距较大。平均值处于 0.102 ~ 0.909 区间，表
示由于营业收入本身易受市场环境等影响，个别装备制造业企业会出现较大波
动，但是京津冀装备制造业的企业成长性仍较稳定。

表 7 - 6   调节变量描述性统计结果

变量	年份	最小值	最大值	平均值	标准差
	2015	-0.510	1.66	0.203	0.409
	2016	-0.240	14.230	0.385	1.756
GRO	2017	-0.400	1.510	0.193	0.307
	2018	-0.440	0.780	0.102	0.210
	2019	-0.570	58.840	0.909	7.244

资料来源：SPSS 统计输出。

四、控制变量描述性统计分析

由表 7 - 7 可知，企业规模（SIZE）最小值处于 20.060 ~ 20.280 区间，最大值处于 26.470 ~ 26.670 区间，平均值处于 22.286 ~ 22.677 区间，表明京津冀装备制造业企业总资产处于稳定状态，波动较小。近五年平均值呈上涨趋势，表明京津冀装备制造业整体企业规模稳中有升。

现金实力（CASH）最小值处于 0.011 ~ 0.035 区间，表明京津冀装备制造业中存在流动资产拥有量较低的企业。最大值处于 0.200 ~ 0.620 区间，平均值处于 0.015 ~ 0.191 区间，且近五年基本呈递增趋势，表示京津冀装备制造业企业逐步开始重视流动资产，促使资产运作更具灵活性。

资产负债率（LEV）最小值处于 0.028 ~ 0.057 区间，最大值处于 0.884 ~ 0.995 区间，表明京津冀装备制造业中部分企业的负债比例较少，除了运用自有资产进行生产经营活动外，几乎未用到其他来源资产；但也存在一些企业负债比例过高，几乎所有资产都来源于债权人，此类企业的资产结构不稳定。而资产负债率平均值处于 0.404 ~ 0.433 区间，表明京津冀装备制造业企业资产负债率处于稳定且合理的范围内。

独立董事占比（DEP）最小值处于 0.286 ~ 0.330 区间，最大值处于 0.500 ~ 0.710 区间，可以看出最小值和最大值基本处于稳定状态且差别较小；平均值在 0.387 ~ 0.394 区间，表明京津冀装备制造业企业的独立董事占比较为稳定，各企业的独立董事比例相差不大。

劳动力规模（LAB）最小值处于 4.357 ~ 5.680 区间，最大值处于 11.984 ~ 12.139 区间，可以看出最小值和最大值的波动范围都比较小，趋于稳定；平均值在 7.936 ~ 8.032 区间，企业劳动力规模基本未发生变化。

表 7 - 7　　　　　　　　　控制变量描述性统计结果

变量	年份	最小值	最大值	平均值	标准差
SIZE	2015	20.280	26.470	22.286	1.462
	2016	20.210	26.550	22.449	1.490
	2017	20.070	26.650	22.590	1.488
	2018	20.190	26.600	22.630	1.487
	2019	20.060	26.670	22.677	1.496
CASH	2015	0.035	0.320	0.015	0.106
	2016	0.022	0.200	0.016	0.108
	2017	0.021	0.620	0.175	0.103
	2018	0.018	0.590	0.168	0.093
	2019	0.011	0.610	0.191	0.104
LEV	2015	0.033	0.936	0.415	0.200
	2016	0.033	0.934	0.404	0.207
	2017	0.028	0.995	0.416	0.203
	2018	0.047	0.916	0.422	0.190
	2019	0.057	0.884	0.433	0.187
DEP	2015	0.286	0.500	0.387	0.056
	2016	0.330	0.630	0.388	0.059
	2017	0.330	0.630	0.387	0.061
	2018	0.330	0.710	0.391	0.072
	2019	0.330	0.670	0.394	0.069
LAB	2015	5.680	12.139	7.936	1.395
	2016	5.497	12.118	7.961	1.394
	2017	5.460	12.083	8.032	1.383
	2018	4.956	11.984	7.989	1.401
	2019	4.357	12.018	8.014	1.416

资料来源：SPSS 统计输出。

第三节　高校科技创新对京津冀装备制造业发展影响计量分析

在对技术创新与经济绩效关系进行研究假设和研究设计后，本节探讨技术创新对经济绩效的影响方向、影响程度以及影响原因等。本书以 2012～2019 年 66 家上市公司为研究样本，其中，经济绩效、技术人员投入（当期）、研发经费投入占比（当期）、企业成长性以及控制变量研究年份为 2015～2019 年；技术人员投入（滞后一期的影响）变量研究年份为 2014～2018 年；技术人员投入（滞后二期的影响）变量研究年份为 2013～2017 年；技术人员投入（滞后三期的影响）变量研究年份为 2012～2016 年。

一、实证分析

（一）模型选择

为判断技术创新对经济绩效的影响适用于混合效应模型、固定效应模型还是随机效应模型，本书通过 EVIEWS8.0 软件进行 F 检验以及 Hausman 检验。

首先，F 检验结果表明 P 值均小于 0.05，表明适合选用非混合效应模型。其次进行 Hausman 检验，若 Hausman 检验的 P 值小于 0.05，则拒绝原假设（随机效应模型），选用固定效应模型。式（7－1）至式（7－5）的 Hausman 检验结果如表 7－8 所示，可以看出所有检验的结果在 5% 显著性水平下均拒绝原假设，因此选择固定效应模型。

表 7－8　　　　　　　　　　Hausman 检验结果

Hausman 检验		卡方统计量	自由度	P 值	结论
主模型	子模型				
式（7－1）	—	18.101***	4	0.0012	拒绝
式（7－2）	（1）	18.270***	5	0.0026	拒绝
	（2）	23.872***	6	0.0006	拒绝
	（3）	24.252***	7	0.0010	拒绝
	（4）	28.941***	8	0.0003	拒绝

Hausman 检验		卡方统计量	自由度	P 值	结论
主模型	子模型				
式（7-3）	（1）	18.618***	5	0.0023	拒绝
	（2）	18.155***	6	0.0059	拒绝
	（3）	18.321**	7	0.0106	拒绝
	（4）	18.240**	8	0.0195	拒绝
式（7-4）	（1）	17.474***	6	0.0077	拒绝
	（2）	21.907***	7	0.0026	拒绝
	（3）	22.255***	8	0.0045	拒绝
	（4）	25.879***	9	0.0021	拒绝
式（7-5）	（1）	22.294***	9	0.0080	拒绝
	（2）	30.244***	10	0.0008	拒绝
	（3）	28.703***	11	0.0018	拒绝
	（4）	31.985***	12	0.0014	拒绝

注：***表示在1%水平显著；**表示在5%水平显著；*表示在10%水平显著。
资料来源：Eviews 统计输出。

以子模型（1）为例，将控制变量与经济绩效的固定效应和随机效应模型的结果对比，如表7-9所示，可知固定效应模型中的变量更加显著，并且调整 R^2 也更高。经过比较式（7-1）至式（7-5）的个体固定效应模型、时点固定效应模型以及个体时点双固定效应模型，选用个体时点双固定效应模型进行回归分析。

表7-9 控制变量与经济绩效的固定效应与随机效应模型结果比较

变量	随机效应			固定效应		
	系数	T 统计量	P 值	系数	T 统计量	P 值
C	-1.942	-0.501	0.617	-1.187	-3.906**	0.000
SIZE	0.750	2.931*	0.063	0.813	3.116***	0.002
CASH	-1.5791	-0.949	0.343	1.004	0.740**	0.034
LEV	-1.586	-6.647***	0.000	-0.066	-1.385**	0.041

续表

变量	随机效应			固定效应		
	系数	T 统计量	P 值	系数	T 统计量	P 值
DEP	− 4.943	− 1.767 *	0.078	0.044	0.478 *	0.068
LAB	− 1.022	− 2.655 *	0.067	− 0.030	− 2.415 **	0.016
F	20.277			7.289		
P 值	0.000			0.000		
R²	0.238			0.909		
杜宾 - 沃森检验	2.044			2.509		

注：*** 表示在 1% 水平显著；** 表示在 5% 水平显著；* 表示在 10% 水平显著。
资料来源：Eviews 统计输出。

（二）技术人员投入对经济绩效的滞后性分析

表 7 – 10 为技术人员投入与经济绩效关于式（7 – 2）的回归结果。由回归结果可知，调整 R^2 分别为 0.262、0.266、0.268、0.275，F 统计量分别为 11.349、10.476、9.658、9.216，模型整体效果较好。具体分析如下：在 1% 显著性水平上，模型（1）技术人员投入（当期）系数通过显著性检验，其系数为 0.760，表明技术人员投入（当期）对经济绩效为显著正向影响；在 10% 显著性水平上，模型（2）、模型（3）技术人员投入（滞后一期、滞后二期）系数未通过检验，表明技术人员投入（滞后一期、滞后二期）对经济绩效无显著影响；在 10% 显著性水平上，模型（4）技术人员投入（滞后三期）通过显著性检验，系数为 0.809，即技术人员投入（滞后三期）对经济绩效为显著正向影响。综上所述，根据表 7 – 10 的模型（1）至模型（4）的变量系数可知，当期及滞后三期技术人员投入对经济绩效表现为显著正向影响，符合研究假设 H1a；技术人员投入对经济绩效有滞后性影响，符合研究假设 H1b，且结果表明滞后三期的正向影响显著。

表 7 – 10　　　　　　　　技术人员投入与经济绩效回归结果

变量	模型（1）	模型（2）	模型（3）	模型（4）
C	1.338 (0.319)	2.161 (0.510)	2.365 (0.557)	2.321 (0.549)
TECH	0.760 *** (2.812)	0.599 ** (2.001)	0.644 ** (2.118)	0.730 ** (2.379)

续表

变量	模型 (1)	模型 (2)	模型 (3)	模型 (4)
TECH (-1)		0.313 (1.243)	-0.106 (-0.195)	-0.074 (-0.136)
TECH (-2)			0.417 (0.865)	-0.412 (-0.615)
TECH (-3)				0.809* (1.771)
SIZE	0.609** (2.270)	0.572** (2.125)	0.548** (2.024)	0.537** (1.988)
CASH	-3.031* (-1.764)	-2.823 (-1.637)	-2.786 (-1.614)	-2.913* (-1.692)
LEV	-6.148*** (-6.191)	-5.942*** (-5.908)	-5.996*** (-5.948)	-6.084*** (-6.048)
DEP	-6.606** (-2.325)	-7.186** (-2.498)	-6.938** (-2.399)	-6.429** (-2.219)
e	-1.576*** (e)	-1.671*** (-4.921)	-1.669*** (-4.912)	-1.718*** (-5.056)
F	11.349	10.476	9.658	9.216
P 值	0.000	0.000	0.000	0.000
R^2	0.262	0.266	0.268	0.275
杜宾-沃森检验	0.219	0.232	0.230	0.235

注: *** 表示在 1% 水平显著; ** 表示在 5% 水平显著; * 表示在 10% 水平显著。
资料来源: Eviews 统计输出。

（三）研发经费投入占比对经济绩效的滞后性分析

表 7-11 是研发经费投入占比与经济绩效关于式（7-3）回归结果。由回归结果可知，调整 R^2 分别为 0.925、0.927、0.585、0.506，F 统计量分别为 44.59、45.573、37.197、36.369，模型整体效果较好。具体分析如下：在 1% 显著性水平上，模型（1）研发经费投入占比（当期）系数为 16.112，即研发经费投入占比（当期）为显著正向影响；在 1% 显著性水平上，模型（2）研发经费投入占比（滞后一期）系数为 7.439，即研发经费投入占比（滞后一期）为显著正向影响；在 5% 显著性水平上，模型（3）研发经费投入占比（滞后二期）系

数为 8.975，即研发经费投入占比（滞后二期）为显著正向影响；在 1% 显著性水平上，模型（4）研发经费投入占比（滞后三期）系数为 9.465，即研发经费投入占比（当期）为显著正向影响；因此，根据表 7 - 11 的模型（1）至模型（4）的变量系数可知，研发经费投入占比对经济绩效呈正向影响，符合研究假设 H2a；研发经费投入占比对经济绩效具有滞后性影响，符合研究假设 H2b。

表 7 – 11　　　　　　　　研发经费投入占比与经济绩效回归结果

变量	模型（1）	模型（2）	模型（3）	模型（4）
C	8.798 * (1.782)	7.404 (1.518)	− 0.586 （− 0.226）	1.042 (0.382)
BUD	16.112 *** (8.135)	10.994 *** (4.309)	− 11.488 *** （− 2.665）	10.969 *** (4.753)
BUD（−1）		7.439 *** (3.105)	25.112 *** (4.649)	4.625 * (1.795)
BUD（−2）			8.975 ** (2.425)	6.121 *** (2.936)
BUD（−3）				9.465 *** (5.762)
SIZE	− 0.300 （− 1.164）	− 0.227 （− 0.892）	0.305 * (1.760)	0.073 (0.451)
CASH	1.445 (1.214)	1.262 (1.077)	1.190 (1.082)	1.266 (1.363)
LEV	− 4.675 *** （− 5.234）	− 4.626 *** （− 5.265）	− 3.946 *** （− 5.817）	− 4.187 *** （− 6.554）
DEP	− 0.753 （− 0.419）	− 0.776 （− 0.439）	− 6.641 *** （− 3.666）	− 3.348 ** （− 2.333）
LAB	0.074 (0.329)	0.024 (0.105)	− 0.2667 * （− 1.385）	0.048 （− 0.286）
F	44.59	45.573	37.197	36.369
P 值	0.000	0.000	0.000	0.000
R^2	0.925	0.927	0.585	0.506
杜宾 – 沃森检验	1.926	2.017	0.439	1.082

注：*** 表示在 1% 水平显著；** 表示在 5% 水平显著；* 表示在 10% 水平显著。
资料来源：Eviews 统计输出。

（四）技术人员投入、研发经费投入占比与经济绩效的全模型分析

表 7－12 是技术人员投入、研发经费投入占比与经济绩效关于式（7－4）的回归结果。由回归结果可知，调整 R^2 分别为 0.498、0.929、0.598、0.928，F 统计量分别为 45.641、44.770、31.146、41.340，模型整体效果较好。具体分析如下：在 1% 显著性水平上，模型（1）研发经费投入占比（当期）系数通过检验，其系数为 28.989，即研发经费投入占比（当期）对经济绩效呈显著正向影响；在 10% 显著性水平上，模型（2）技术人员投入（滞后一期）、研发经费投入占比（滞后一期）系数均通过检验，其系数分别为 －0.344、8.201，即技术人员投入（滞后一期）对经济绩效呈显著负向影响，而研发经费投入占比（滞后一期）对经济绩效呈显著正向影响；在 1% 显著性水平上，模型（3）研发经费投入占比（滞后二期）系数通过检验，系数为 10.953，即研发经费投入占比（滞后二期）对经济绩效均呈显著正向影响；在 1% 显著性水平上，模型（4）技术人员投入（滞后三期）和研发经费投入占比（滞后三期）系数均通过检验，系数分别为 0.193、4.220，即技术人员投入（滞后三期）和研发经费投入占比（滞后三期）对经济绩效呈显著正向影响；因此，根据表 7－12 的模型（1）至模型（4）的变量系数可知，技术人员投入（滞后三期）、研发经费投入占比对经济绩效呈显著正向影响，符合研究假设 H3a。技术人员投入和研发经费投入占比对经济绩效的影响均具有滞后性，符合研究假设 H3b。整体来看，整体模型变量系数显著性基本与分变量模型显著性结果保持一致。

表 7－12　　技术人员投入、研发经费投入占比与经济绩效回归结果

变量	模型（1）	模型（2）	模型（3）	模型（4）
C	－2.964 （－0.865）	5.576 （1.047）	－4.370 （－1.363）	1.744 （0.892）
TECH	－0.303 （－1.283）	0.018 （0.058）	0.029 （0.124）	0.183 *** （2.864）
TECH （－1）		－0.344 * （－1.968）	－0.857 ** （－2.058）	0.251 *** （4.302）
TECH （－2）			0.114 （0.311）	－0.009 （0.040）

续表

变量	模型（1）	模型（2）	模型（3）	模型（4）
TECH （-3）				0.193 *** (4.872)
BUD	28.989 *** (12.479)	10.950 *** (4.269)	-0.580 (-0.116)	6.727 *** (3.451)
BUD （-1）		8.201 *** (3.380)	19.945 *** (3.367)	3.346 ** (2.249)
BUD （-2）			10.953 *** (2.904)	4.657 *** (3.327)
BUD （-3）				4.220 *** (4.702)
SIZE	0.522 *** (2.406)	-0.063 (-0.224)	0.459 ** (2.263)	0.128 (1.246)
CASH	0.855 (0.595)	0.874 (0.722)	0.892 (0.682)	1.719 (6.435)
LEV	-4.369 *** (-5.278)	-4.636 *** (-5.284)	-4.161 *** (-5.471)	-3.038 *** (-11.712)
DEP	-9.924 *** (-4.228)	-0.831 (-0.473)	-6.800 *** (-3.122)	-1.246 *** (-3.506)
LAB	-0.199 (-0.693)	0.046 (0.160)	0.275 (0.969)	0.145 *** (3.201)
F 统计量	45.641	44.770	31.146	41.340
P 值	0.000	0.000	0.000	0.000
R^2	0.498	0.929	0.598	0.928
杜宾 - 沃森检验	0.364	2.017	0.427	1.997

注： *** 表示在1%水平显著； ** 表示在5%水平显著； * 表示在10%水平显著。
资料来源：Eviews 统计输出。

（五）企业成长性的调节效应分析

表7-13是企业成长性对技术人员投入、研发经费投入占比与经济绩效关

于式（7-5）回归结果。由回归结果可知，调整 R^2 分别为 0.929、0.932、0.942、0.588，F 统计量分别为 44.056、43.668、48.477、22.095，模型整体效果较好。具体分析如下：在 1% 显著性水平上，模型（1）企业成长性×技术人员投入（当期）系数通过检验，系数为 -0.201，即企业成长性对技术人员投入（当期）与经济绩效的关系有负向调节作用；在 1% 显著性水平上，模型（1）企业成长性×研发经费投入占比（当期）系数通过检验，系数为 10.634，即企业成长性对研发经费投入占比（当期）与经济绩效的关系有正向调节作用；在 1% 显著性水平上，模型（2）企业成长性×研发经费投入占比（滞后一期）系数通过检验，系数为 -18.134，即企业成长性对研发经费投入占比（滞后一期）与经济绩效的关系有负向调节作用，考虑其原因，由于成长性越强，经费投入对绩效产出的正向影响也就越大，但同时更有可能透支经费投入对经济绩效的正向影响，暂时表现为负向；在 5% 显著性水平上，模型（3）企业成长性×研发经费投入占比（滞后二期）系数通过检验，系数为 12.867，即企业成长性对研发经费投入占比（滞后二期）与经济绩效的关系有显著正向调节作用；模型（4）企业成长性×技术人员投入（滞后三期）系数为 0.072，即企业成长性对技术人员投入（滞后三期）与经济绩效的关系有正向调节作用。因此，根据表 7-13 的相关模型调节变量系数可知，企业成长性对技术人员投入（滞后三期）、研发经费投入占比（当期和滞后二期）与经济绩效的关系具有正向调节作用，部分符合研究假设 H4。

表 7-13　　　　　　　　　　企业成长性的调节效应回归结果

变量	模型（1）	模型（2）	模型（3）	模型（4）
C	6.162 (1.000)	1.505 (0.240)	-1.876 (-0.319)	0.277 (0.162)
TECH	-0.072 (-0.238)	0.016 (0.053)	-0.035 (-0.122)	-0.196 (-3.185)
TECH（-1）		-0.321 * (-1.704)	-0.280 (-1.223)	-0.258 *** (-3.847)
TECH（-2）			-0.162 (-0.727)	-0.048 (-0.687)
TECH（-3）				-0.185 (-3.032)

变量	模型（1）	模型（2）	模型（3）	模型（4）
BUD	15. 765 *** （8. 030）	10. 027 *** （3. 247）	11. 551 *** （3. 878）	4. 976 *** （3. 161）
BUD （-1）		8. 659 ** （2. 491）	8. 019 ** （2. 121）	6. 043 *** （3. 354）
BUD （-2）			7. 162 ** （2. 187）	4. 503 *** （2. 962）
BUD （-3）				3. 488 *** （2. 747）
GRO	0. 882 *** （2. 709）	1. 252 * （1. 734）	1. 525 ** （2. 249）	0. 718 ** （2. 096）
TECH × GRO	- 0. 201 *** （ - 3. 247）	- 0. 260 *** （ - 3. 227）	- 0. 160 （ - 1. 614）	- 0. 084 （ - 1. 709）
TECH （-1） × GRO		0. 026 （0. 209）	0. 091 （0. 177）	0. 088 ** （0. 474）
TECH （-2） × GRO			- 0. 224 （ - 0. 385）	- 0. 230 （ - 0. 912）
TECH （-3） × GRO				0. 072 （0. 700）
BUD × GRO	10. 634 *** （3. 675）	29. 072 *** （3. 544）	26. 370 *** （3. 254）	18. 421 *** （4. 884）
BUD （-1） × GRO		- 18. 134 *** （ - 2. 917）	- 32. 424 *** （ - 4. 249）	- 14. 970 *** （ - 3. 559）
BUD （-2） × GRO			12. 867 ** （2. 359）	1. 400 （0. 328）
BUD （-3） × GRO				- 0. 132 （ - 0. 027）

续表

变量	模型（1）	模型（2）	模型（3）	模型（4）
SIZE	−0.195 （−0.642）	0.118 （0.373）	0.349 （1.167）	0.226 ** （2.407）
CASH	1.356 （1.117）	1.138 （0.945）	0.820 （0.726）	1.524 *** （4.440）
LEV	−4.003 *** （−4.178）	−3.508 *** （−3.613）	−3.446 *** （−3.768）	−2.890 *** （−11.163）
DEP	0.304 （0.171）	0.143 （0.081）	−0.928 （−0.558）	−1.311 ** （−3.076）
LAB	0.083 （0.276）	−0.080 （−0.266）	−0.193 （−0.676）	0.100 （1.114）
F	44.056	43.668	48.477	22.095
P 值	0.000	0.000	0.000	0.000
R^2	0.929	0.932	0.942	0.588
杜宾 – 沃森检验	1.978	1.906	1.925	0.438

注：*** 表示在 1% 水平显著；** 表示在 5% 水平显著；* 表示在 10% 水平显著。
资料来源：Eviews 统计输出。

在对京津冀装备制造业企业技术创新对经济绩效的影响方向、程度、滞后性、企业成长性是否具有调节作用以及调节效果等问题进行系统分析后，将理论假设与实证分析对比，可得出如下结论：第一，技术创新对经济绩效具有正向影响，且影响具有滞后性；第二，技术人员投入对经济绩效有正向影响，且影响具有滞后性；第三，技术人员投入、研发经费投入占比对经济绩效均有正向且为滞后性影响；第四，企业成长性对技术创新（滞后三期）与经济绩效、研发经费投入占比（当期和滞后二期）与经济绩效具有正向调节作用。

二、差异性结果分析

通过相关性分析和回归分析可知，京津冀装备制造业企业技术人员投入、研发经费投入占比均与经济绩效呈正相关关系。接下来将从区域及企业的差异角度进一步探究技术创新对经济绩效的影响以及滞后性特征。

（一）技术创新对经济绩效的正向影响分析

将技术创新划分为区域层面和企业层面，对于深刻理解技术创新对经济绩效的影响具有重要意义。区域层面是指对全国、京津冀整体以及京津冀三个地区局部的技术创新进行差异性分析；企业层面是指对本书选取的 66 家上市公司技术创新进行差异性分析。

1. 区域层面分析

首先比较京津冀装备制造业与全国在技术创新上的差异。由于数据来源不同，本书使用研发人员投入指标表示装备制造业技术创新人员投入。由表 7 – 14 可知，从研发人员投入来看，2015～2019 年全国装备制造业研发人员投入呈递增趋势，增长率在 5%～8%；而京津冀地区的研发人员投入呈逐年递减趋势，下降率在 2%～12%，表明京津冀装备制造业研发人员投入力度不足。从研发经费投入来看，2015～2019 年全国装备制造业研发经费投入呈逐年增长趋势，增长率介于 8%～10%，而京津冀地区的研发经费投入则呈持平或递减趋势，表明京津冀装备制造业研发人员投入水平较低。整体来看，无论是京津冀装备制造业的研发人员投入还是经费投入都未达到全国装备制造业的增长率水平，甚至存在下降趋势，可能影响京津冀装备制造业技术创新对经济绩效的促进作用。

表 7 –14 京津冀与全国技术创新差异

因素	区域	2015 年	2016 年	2017 年	2018 年	2019 年
研发人员投入（人）	全国	2074709	2199629	2319467	2504596	—
	京津冀	168620	162302	158487	140204	45428
研发经费投入（亿元）	全国	5627.82	6176.63	6726.12	7386.94	—
	京津冀	487.85	492.06	474.15	472.56	216.15

资料来源：由《中国科技统计年鉴》《北京统计年鉴》《天津科技统计年鉴》《河北科技统计年鉴》的装备制造业七个子行业数据加总得来。

其次比较三个地区在技术创新上的差异。由表 7 – 15 可知，一方面，从研发人员投入角度来看，2015～2019 年北京装备制造业的研发人员投入虽有小幅上升，但整体呈递减趋势；天津装备制造业研发人员投入呈递减趋势；河北装备制造业研发人员投入呈先增后减趋势，并于 2018 年降低至 2015 年水平以下。总体来说，北京、天津、河北的装备制造业研发人员投入均呈递减趋势。另一方面，从研发经费投入角度来看，2015～2019 年，北京装备制造业研发经费投入呈递增趋势；天津装备制造业研发经费投入呈递减并伴有微弱趋平趋势；河北装备制造业研发经费投入呈递增趋势但伴有回落。表明在装备制造业研发经费投入上，北京、河北趋于增加投入，但增幅不大，而天津则表现为减少投入状态。整体来看，北京、天津以及河北装备制造业在研发人员投入和研发经费投入上数量不足，导致技术创新能力弱，经济增长依赖于数量增加的粗放式增长。

表 7 - 15　　　　　　　　　京津冀地区技术创新差异

因素	地区	2015 年	2016 年	2017 年	2018 年	2019 年
研发人员投入（人）	北京	50863	48231	51249	46896	45428
	天津	63127	53717	47054	41792	—
	河北	54630	60354	60184	51516	—
	整体	168620	162302	158487	140204	45428
研发经费投入（亿元）	北京	192.19	200.79	210.51	210.51	216.15
	天津	176.47	161.04	125.28	126.84	—
	河北	118.19	130.23	138.36	135.21	—
	整体	487.85	492.06	474.15	472.56	216.15

资料来源：由《北京统计年鉴》《天津科技统计年鉴》《河北科技统计年鉴》中装备制造业七个子行业数据加总得来。

2. 企业层面分析

技术创新对经济绩效的影响还可以从 66 家上市公司的企业技术创新差异角度体现。选取技术人员比率和研发密度两个指标表示企业层面的装备制造业技术创新差异。

首先对京津冀装备制造业企业技术人员比率进行分析。先将技术人员比率分为三个等级，第一等级为技术人员比率处于 0～30%，为低等投入水平；第二等级为技术人员比率处于 30%～60%，为中等投入水平；第三等级为技术人员比率处于 60%～100%，为高等投入水平。由表 7 - 16 可知，北京、天津以及河北有 80% 以上的企业技术人员投入比率处于第二等级及以下水平，表明京津冀装备制造业企业在技术人员投入上仍有较大空间，技术人员投入数量不足是导致京津冀装备制造业高质量发展以及转型升级困难的原因之一。此外，北京的企业在装备制造业技术人员投入上领先于天津以及河北，因此要着重增加天津、河北的技术人员投入。

表7-16 京津冀装备制造企业技术人员比率地区分布

年份	0~30%			30%~60%			60%~90%		
	北京	天津	河北	北京	天津	河北	北京	天津	河北
2015	23	8	10	15	1	3	6	0	0
2016	22	8	10	16	1	3	6	0	0
2017	19	7	9	17	2	3	8	0	1
2018	20	7	9	16	2	3	8	0	1
2019	17	6	9	20	3	3	7	0	1

资料来源：由京津冀66个装备制造业上市公司数据整理得来，技术人员比率＝技术人员数量/企业总人数。

其次对京津冀装备制造业企业研发密度进行分析。国际上一般认为，当研发强度达到2%时，企业才能基本生存；当研发强度达到5%以上，企业才具有竞争力（汪青玲等，2012）。如表7-17所示，北京装备制造业达到具有竞争力水平的企业最多，天津次之，河北最少，表明研发经费投入的地区差距较大。

表7-17 京津冀装备制造企业研发密度地区分布

年份	研发密度大于2%			研发密度大于5%		
	北京	天津	河北	北京	天津	河北
2015	40	9	10	28	4	5
2016	43	9	10	27	6	5
2017	41	9	11	29	5	3
2018	42	9	11	32	5	3
2019	42	9	11	31	5	4

资料来源：由京津冀66个装备制造业上市公司数据整理得来，研发密度＝研发经费投入/主营业务收入。

通过对京津冀装备制造业企业技术创新区域层面和企业层面的分析，本书发现在区域层面上，京津冀装备制造业技术创新投入整体低于全国装备制造业投入的增长水平，整体呈负增长趋势，并且技术创新投入积极性不高，呈平稳或下降趋势；在企业层面上，技术创新投入虽有增加，并且半数以上企业均已达到具有竞争力水平，但仍有较大的提升空间。将区域层面与企业层面结合来看，技术创新在区域层面整体投入水平较低，在企业层面上投入虽有提升，但提升力度和效果有限，未能充分发挥技术创新投入的作用。通过以上分析不难发现，不论是区域层面还是企业层面的技术创新，京津冀装备制造业在技术创新人员和经费投入上未能充分发挥作用，京津冀装备制造业仍处于粗放式增长阶段。

（二）技术创新对经济绩效的滞后性影响分析

本书首先探究了2012～2014年京津冀装备制造业企业技术人员比率以及2013～2019年京津冀各市的经济绩效分布情况，其次从空间分布角度探究不同区域技术人员对经济绩效影响滞后性的一致性趋势。

如表7-18所示，2012～2014年京津冀装备制造业技术人员投入比率均未发生较大波动。从不同城市的数值分布来看，北京技术人员投入水平最高，天津、石家庄次之，但与北京差距较大；保定、唐山、张家口、邢台、邯郸投入水平较低，数值均小于1。从京津冀装备制造业企业整体来看，投入较高的城市分布在直辖市、省会以及中部地区，经济发展水平较高，并且展现出以北京、天津、石家庄为中心的集聚。

表7-18　　　　2012～2014年上市公司技术人员投入比率城市分布

地区	2012 年	2013 年	2014 年
张家口	0. 066123188	0. 058909445	0. 060779221
北京	15. 34869309	14. 39812321	14. 38084475
唐山	0. 425165249	0. 434947261	0. 478747939
天津	1. 508760917	1. 646991056	1. 644877346
保定	0. 479815059	0. 504412082	0. 494335217
石家庄	1. 05487474	1. 117907389	1. 092941247
邯郸	0. 032600733	0. 056211487	0. 041318016
邢台	0. 180656934	0. 152795031	0. 199084668

资料来源：由作者整理。

如表7-19所示，从京津冀装备制造业经济绩效整体分布来看，2013～2019年，经济绩效的总体趋势呈现出由少数城市散点式分布向城市纵向集中展开，再转向少数城市散点式分布的态势。2013年京津冀装备制造业经济绩效主要分布在北京、石家庄、邯郸等少数散点城市上；2014～2017年则集中分布在北京、保定、石家庄、邢台、邯郸等城市；2018～2019年则分布在北京、唐山、邯郸、张家口等散点城市上。从城市空间分布特点可以看出京津冀地区装备制造业上市公司的经济绩效主要集中在少数城市，并呈纵轴集中趋势，但是这种趋势并未得到延续和发展，在2018年和2019年又转向散点式分布，且经济绩效水平下移。

表7-19　　　　　　2013~2019年上市公司经济绩效城市分布

地区	2013年	2014年	2015年	2016年	2017年	2018年	2019年
张家口	-0.31	-1.01	-0.53	-0.48	0.14	-0.06	0.59
北京	2.19	1.57	4.87	0.93	0.18	0.79	1.73
唐山	0.00	-0.55	-0.83	0.08	0.19	0.35	0.51
天津	-1.44	-1.89	-3.04	-2.01	-1.97	-0.94	-3.90
保定	-1.20	1.90	0.04	1.57	0.62	-0.22	0.15
石家庄	1.12	-0.42	0.21	-0.33	0.57	-0.03	0.18
邯郸	0.43	0.37	0.22	0.33	0.38	0.47	0.40
邢台	-0.79	0.01	-0.93	-0.09	-0.10	-0.36	0.35

资料来源：由作者整理。

　　表7-18和表7-19展现了京津冀地区装备制造业企业技术人员投入比率空间分布与经济绩效市域分布的特征。将步调一致性划分为四个等级：减弱一致性表示技术人员比率空间分布等级大于经济绩效空间分布等级；同步一致性表示技术人员比率空间分布等级等于经济绩效空间分布等级；增强一致性表示技术人员比率空间分布等级小于经济绩效空间分布等级；非上述三种情况的归为非一致性（上述前三种情况误差为一个年份内）。将表7-20和表7-21的市域等级水平对应结果分别展现在表7-22、表7-23、表7-24中。

　　如表7-20所示，以2012年为基准，京津冀地区装备制造业企业技术人员投入比率的空间滞后性情况如下：北京、天津、张家口、邢台、邯郸的技术人员比率与未来七期内的经济绩效分别展现出同步一致性、减弱一致性、增强一致性、增强一致性、增强一致性；石家庄和唐山的技术人员比率与未来三期内的经济绩效展现出同步一致性，与未来四期到七期内的经济绩效展现出非一致性；保定的技术人员比率与未来二期内经济绩效展现出减弱一致性，与未来三期到五期内经济绩效展现出增强一致性，与未来六期到七期内经济绩效展现出非一致性。

表 7 – 20 2012 年技术人员比率与未来经济绩效同步性

年份	高等水平	较高水平		中等水平		低等水平		
	北京	天津	石家庄	保定	唐山	张家口	邢台	邯郸
2013	同步	减弱	同步	减弱	同步	增强	增强	增强
2013～2014	同步	减弱	同步	减弱	同步	增强	增强	增强
2013～2015	同步	减弱	同步	增强	同步	增强	增强	增强
2013～2016	同步	减弱	非	增强	非	增强	增强	增强
2013～2017	同步	减弱	非	增强	非	增强	增强	增强
2013～2018	同步	减弱	非	非	非	增强	增强	增强
2013～2019	同步	减弱	非	非	非	增强	增强	增强

资料来源：由作者整理。

如表 7 – 21 所示，以 2013 年为基准，京津冀地区装备制造业企业技术人员投入比率的空间滞后性情况如下：北京、天津、张家口、邢台、邯郸的技术人员比率与未来六期内的经济绩效分别展现出同步一致性、减弱一致性、增强一致性、增强一致性、增强一致性；石家庄的技术人员比率与未来三期内的经济绩效展现出减弱一致性，与未来四期到六期内的经济绩效展现出非一致性；保定的技术人员比率与未来四期内经济绩效展现出增强一致性，与未来五期到六期内经济绩效展现出非一致性；唐山的技术人员比率与未来二期内的经济绩效展现出同步一致性，与未来三期到六期内的经济绩效展现出非一致性。

表 7 – 21 2013 年技术人员比率与未来经济绩效同步性

年份	高水平	较高水平		中等水平		低等水平		
	北京	天津	石家庄	保定	唐山	张家口	邢台	邯郸
2014	同步	减弱	减弱	增强	同步	增强	增强	增强
2014～2015	同步	减弱	减弱	增强	同步	增强	增强	增强
2014～2016	同步	减弱	减弱	增强	非	增强	增强	增强
2014～2017	同步	减弱	非	增强	非	增强	增强	增强
2014～2018	同步	减弱	非	非	非	增强	增强	增强
2014～2019	同步	减弱	非	非	非	增强	增强	增强

资料来源：作者整理。

如表 7 - 22 所示，以 2014 年为基准，京津冀地区装备制造业企业技术人员比率的空间滞后性具体情况如下：北京、天津、张家口、邯郸的技术人员比率与未来五期内的经济绩效分别展现出同步一致性、减弱一致性、增强一致性、增强一致性；石家庄、唐山的技术人员比率与未来二期内的经济绩效分别展现出同步一致性、减弱一致性，与未来三期到五期内的经济绩效均展现出非一致性；保定的技术人员比率与未来四期内经济绩效展现出增强一致性，与未来五期经济绩效展现出非一致性。

表 7 - 22　　　　　　　　2014 年技术人员比率与未来经济绩效同步性

年份	高等水平	较高水平		中等水平		低等水平		
	北京	天津	石家庄	保定	唐山	张家口	邢台	邯郸
2015	同步	减弱	同步	增强	减弱	增强	同步	增强
2015 ~ 2016	同步	减弱	同步	增强	减弱	增强	同步	增强
2015 ~ 2017	同步	减弱	非	增强	非	增强	增强	增强
2015 ~ 2018	同步	减弱	非	增强	非	增强	增强	增强
2015 ~ 2019	同步	减弱	非	非	非	增强	增强	增强

资料来源：作者整理。

综上所述，以 2012 ~ 2014 年的技术人员比率为基准，技术人员比率与经济绩效的滞后性在空间上的具体分布为：2012 ~ 2014 年的技术人员比率呈现出以北京、天津、石家庄为聚集的散点式分布，2013 ~ 2019 年的经济绩效空间分布呈现出由散点式向纵向分布展开再转向散点式分布。北京、张家口、邢台、邯郸技术人员比率与未来经济绩效在七期内均达到同步及增强一致性，保定呈现出三到四期内的增强一致性，石家庄和唐山呈现的一致性无明显规律，天津一直呈现减弱一致性。以上结果表明，京津冀装备制造业上市公司在空间分布上的技术人员比率与经济绩效等级分布水平仍需进一步优化，需发挥同步及增强区域的带动作用，提升较弱一致性与不规律变化区域的技术人员投入结构。

三、稳健性检验

在对经济绩效进行测度时，除了用经济绩效综合评价值来表示之外，还有学者选用总资产净利润率反映经济绩效水平（杨超等，2020）。参考杨超

（2020）的做法，选用总资产净利润率（ROA），即净利润/总资产余额替换经济绩效综合评价值对"技术创新对经济绩效的影响"，进行稳健性检验。

如表7-23～表7-26所示，模型（1）至模型（4）均在1%水平下显著且效果较好，但是各模型的调整 R^2 均低于用经济绩效综合评价值来代为反映经济绩效的回归结果。其中，解释变量的滞后性与企业成长性的调节作用均在10%显著性水平上得到了验证，系数虽有变化，但方向保持一致。

如表7-23所示，与表7-10对比可知，京津冀装备制造业企业技术人员投入对经济绩效的滞后性影响范围处于0.313～0.809区间，而技术人员投入对总资产净利润率的影响范围处于0.007～0.035区间，表明技术人员投入对经济绩效综合评价值影响作用的程度要明显高于总资产净利润率。

表7-23 技术人员投入与总资产净利润率回归结果

变量	模型（1）	模型（2）	模型（3）	模型（4）
C	-0.044 （-0.562）	-0.078 ** （-0.989）	-0.088 ** （-1.120）	-0.088 *** （-1.113）
TECH	0.014 *** （2.784）	0.021 *** （3.7231）	0.019 *** （3.312）	0.01752 *** （3.059）
TECH（-1）		0.012 *** （2.746）	0.007 （0.724）	0.007 （0.498）
TECH（-2）			0.010 （0.625）	0.008 （0.667）
TECH（-3）				0.035 ** （2.270）
SIZE	0.004 （0.826）	0.006 ** （1.126）	0.007 ** （1.358）	0.007 ** （1.392）
CASH	0.102 *** （3.143）	0.093 *** （2.893）	0.092 （2.855）	0.093 *** （2.913）
LEV	-0.093 *** （-4.973）	-0.102 *** （-5.406）	-0.099 *** （-5.294）	-0.098 *** （-5.227）
DEP	-0.197 *** （-3.723）	-0.176 *** （-3.266）	-0.188 *** （-3.493）	-0.195 *** （-3.616）

续表

变量	模型（1）	模型（2）	模型（3）	模型（4）
LAB	0.003 （0.504）	0.001 （0.122）	0.001 （0.103）	0.001 （0.213）
F	9.745	9.726	9.454	8.890
P 值	0.000	0.000	0.000	0.000
R²	0.234	0.252	0.264	0.268
杜宾 - 沃森检验	1.494	1.554	1.539	1.542

注：*** 表示在1%水平显著；** 表示在5%水平显著；* 表示在10%水平显著。
资料来源：Eviews 统计输出。

如表 7 - 24 所示，与表 7 - 11 对比可知，京津冀装备制造业企业研发经费投入占比（当期）对经济绩效与总资产净利润率均在5%水平下显著，且无滞后性影响。当期研发经费投入占比对经济绩效的影响为 16.112，对总资产净利润率的影响为 0.112，表明研发经费投入占比对经济绩效综合评价值影响程度高于对总资产净利润率的影响。

表 7 - 24 **研发经费投入占比与总资产净利润率回归结果**

变量	模型（1）	模型（2）	模型（3）	模型（4）
C	- 0.127 * （- 1.720）	- 0.119 * （- 1.623）	- 0.122 * （- 1.664）	- 0.122 * （- 1.652）
BUD	0.112 ** （2.222）	0.427 *** （3.481）	0.441 *** （3.563）	0.457 *** （3.639）
BUD（-1）		0.296 *** （2.811）	0.386 *** （2.629）	0.398 *** （2.697）
BUD（-2）			0.081 （0.876）	0.140 （1.1675）
BUD（-3）				0.064 ** （0.839）
SIZE	0.009 * （1.884）	0.008 * （1.671）	0.009 * （1.740）	0.008 * （1.690）
CASH	0.119 *** （3.764）	0.122 *** （3.917）	0.122 *** （3.927）	0.124 *** （3.969）

变量	模型（1）	模型（2）	模型（3）	模型（4）
LEV	-0.110 *** （-5.738）	-0.107 *** （-5.638）	-0.108 *** （-5.685）	-0.107 *** （-5.642）
DEP	-0.146 *** （-2.729）	-0.128 *** （-2.400）	-0.128 *** （-2.399）	-0.125 *** （-2.339）
LAB	0.004 （0.661）	0.005 （0.875）	0.004 （0.777）	0.005 （0.828）
F	9.387	9.436	8.707	8.073
P 值	0.000	0.000	0.000	0.000
R^2	0.227	0.246	0.248	0.249
杜宾 - 沃森检验	1.455	1.458	1.460	1.459

注：*** 表示在1%水平显著；** 表示在5%水平显著；* 表示在10%水平显著。
资料来源：Eviews 统计输出。

如表 7 - 25 所示，与表 7 - 12 对比可知，就全模型来看，技术人员投入、研发经费投入占比对经济绩效的影响程度远高于对总资产净利润率的影响程度，表明技术人员投入、研发经费投入占比对经济绩效综合评价值的影响程度显著超过了对总资产净利润率的影响。

表 7 - 25　技术人员投入、研发经费投入占比与总资产净利润率回归结果

变量	模型（1）	模型（2）	模型（3）	模型（4）
C	-0.014 （-0.180）	-0.036 （-0.460）	-0.046 （-0.595）	-0.046 （-0.595）
TECH	0.021 *** （3.886）	0.025 *** （4.459）	0.023 *** （4.063）	0.021 *** （3.689）
TECH（-1）		0.010 ** （2.074）	0.007 （0.663）	0.010 （0.508）
TECH（-2）			0.017 * （1.859）	0.001 （0.112）
TECH（-3）				0.017 ** （1.944）

变量	模型 (1)	模型 (2)	模型 (3)	模型 (4)
BUD	0.184 *** (3.497)	0.493 *** (4.066)	0.484 *** (3.953)	0.527 *** (4.234)
BUD (−1)		0.323 *** (3.137)	0.358 ** (2.478)	0.411 *** (2.801)
BUD (−2)			0.042 (0.458)	0.153 (1.253)
BUD (−3)				0.105 (1.243)
SIZE	0.005 (0.908)	0.004 (0.883)	0.006 (1.116)	0.005 (1.106)
CASH	0.078 ** (2.395)	0.079 *** (2.477)	0.079 ** (2.457)	0.085 *** (2.645)
LEV	− 0.105 *** (5.603)	− 0.106 *** (− 5.718)	− 0.104 *** (− 5.616)	− 0.102 *** (− 5.480)
DEP	− 0.179 *** (3.371)	− 0.144 *** (− 2.730)	− 0.156 *** (− 2.934)	− 0.160 *** (− 3.004)
LAB	− 0.012 * (− 1.753)	− 0.006 (− 0.841)	− 0.006 (− 0.875)	− 0.004 (− 0.613)
F	10.283	10.001	9.008	8.254
P 值	0.000	0.000	0.000	0.000
R^2	0.262	0.292	0.300	0.310
杜宾 – 沃森检验	1.495	1.544	1.544	1.556

注: *** 表示在 1% 水平显著；** 表示在 5% 水平显著；* 表示在 10% 水平显著。
资料来源：Eviews 统计输出。

如表 7 – 26 所示，与表 7 – 13 对比可知，企业成长性对技术人员投入与经济绩效的调节效应影响范围处于 − 0.260 ~ 0.088 区间，对技术人员投入与总资产净利润率的影响范围处于 0.011 ~ 0.051 区间；企业成长性对研发经费投入占比与经济绩效的调节效应影响处于 − 32.424 ~ 29.072 区间，对研发经费投入占比与总资产净利润率的调节效应影响处于 − 1.125 ~ 2.311 区间，表明企业成长性对技术人员投入、研发经费投入占比与经济绩效综合评价值影响程度要远高于对总资产净利润率的影响。

表 7 - 26　　　　　　　　　　企业成长性的调节效应回归结果

变量	模型（1）	模型（2）	模型（3）	模型（4）
C	-0.018 （-0.2318）	-0.069 （-0.932）	-0.101 （-1.366）	-0.092 （-1.247）
TECH	0.023*** （4.397）	0.021*** （3.924）	0.021*** （3.962）	0.020*** （3.750）
TECH（-1）		0.003 （0.547）	0.008 （0.845）	0.004 （0.381）
TECH（-2）			0.013 （0.476）	0.001 （0.046）
TECH（-3）				0.010** （1.148）
BUD	0.314*** （5.298）	0.585*** （4.166）	0.508*** （3.556）	0.542*** （3.671）
BUD（-1）		0.322** （2.186）	0.233* （1.285）	0.287* （1.568）
BUD（-2）			0.025 （0.192）	0.049 （0.308）
BUD（-3）				0.102** （0.857）
GRO	0.050*** （3.668）	0.030** （1.296）	0.036*** （1.222）	0.107** （2.207）
TECH×GRO	0.011*** （4.070）	0.017*** （5.188）	0.024*** （5.963）	0.033*** （5.220）
TECH（-1）×GRO		0.015*** （2.923）	0.051** （2.254）	0.033* （1.402）
TECH（-2）×GRO			-0.076 （-0.406）	-0.082 （-0.291）
TECH（-3）×GRO				0.024*** （1.557）
BUD×GRO	0.508*** （4.213）	2.311*** （6.494）	1.978*** （5.235）	1.972*** 4.787
BUD（-1）×GRO		1.560*** （5.511）	-0.980*** （-2.717）	-1.125** （-3.004）

变量	模型（1）	模型（2）	模型（3）	模型（4）
BUD（−2）×GRO			0. 355 * （1. 457）	0. 129 * （0. 392）
BUD（−3）×GRO				0. 026 * （0. 855）
SIZE	0. 004 （0. 825）	0. 008 * （1. 754）	0. 010 ** （2. 157）	0. 009 ** （1. 923）
CASH	0. 079 ** （2. 482）	0. 095 *** （3. 187）	0. 095 *** （3. 193）	0. 099 *** （3. 306）
LEV	− 0. 098 *** （ − 5. 318）	− 0. 079 *** （ − 4. 456）	− 0. 083 *** （ − 4. 683）	− 0. 082 *** （ − 4. 621）
DEP	− 0. 135 ** （ − 2. 576）	− 0. 127 ** （ − 2. 568）	− 0. 113 ** （ − 2. 260）	− 0. 127 ** （ − 2. 534）
LAB	− 0. 013 （ − 2. 043）	− 0. 017 ** （ − 2. 480）	− 0. 017 ** （ − 2. 472）	− 0. 014 ** （ − 2. 053）
F	10. 117	11. 406	10. 020	8. 752
P 值	0. 000	0. 000	0. 000	0. 000
R^2	0. 310	0. 398	0. 417	0. 429
杜宾 – 沃森检验	1. 529	1. 593	1. 586	1. 597

注：*** 表示在1% 水平显著；** 表示在5% 水平显著；* 表示在10% 水平显著。
资料来源：Eviews 统计输出。

　　综上所述，京津冀装备制造业技术创新对经济绩效的滞后性影响和企业成长性的调节效应影响均通过了稳健性检验，同时模型中对经济绩效综合评价值的影响程度均高于对总资产净利润率的影响。一方面表明模型所得出的结论具有稳健性，另一方面说明使用经济绩效综合评价值衡量被解释变量更具准确性。

第八章
研究结论及启示

随着高校科技链创新链融合的势头不断增加，对经济的影响也越来越大。高校科技链创新链的深度融合不仅对创新产出有重大作用，还为培养高水平创新人才和建设创新队伍提供了持续动力。因此，通过对高校科技创新影响作用的定性与定量分析，为高校科技创新的发展方向和脉络提供了有益的启示和探索。

第一节 研究结论

高校科技创新特别是京津冀高校科技创新无论从投入、产出、成果转化还是区域空间效应的发展变化上都利于促进区域经济发展。从实证分析结果来看，高校科技创新对区域经济发展的影响作用及程度不一，存在一定的不确定性。但随着高校科技创新规模不断扩大，发展水平不断提高，高校科技创新的影响作用逐渐显现，因此跟踪研究越来越有意义和价值。

本书通过定性和定量分析，进一步梳理研究结论如下。

一、高校科技创新能力地区差异显著

由高校科技创新能力指数结果可知，各省域的高校科技创新能力形成了逐渐收敛和集聚的态势，并且呈现出从东部、中部至西部逐渐递减、差异逐渐缩小的趋势，地区内部呈现多样化的创新发展形态。另外，高校科技创新能力指数与经济科技发展水平、高校数量规模的社会现状吻合，拥有较多高校的北京和江苏科技创新能力综合指数值大于 0.7，处于领先位置且优势明显；西藏、

青海和海南创新数指数均不足 0.02。模型稳健性检验进一步表明科研创新氛围、技术市场活跃度、地区经济发展水平和区域对外开放度等解释变量对高校科技创新能力具有显著的影响效果，虽然估计结果的系数大小有差异，但方向并没有发生改变，因此模型的估计结果可靠。

无论从空间分布还是从空间自相关角度进行分析，高校科技创新能力都呈现出逐渐收敛的趋势。一方面说明高校科技创新能够通过影响空间溢出等方面促进科技创新的传播和交流，另一方面也说明区域协调发展战略成效显著。

二、高校科技创新能力空间溢出效应明显

科研创新氛围能有效提高本区域高校科技创新能力，且对邻近地区产生一定的空间溢出作用，但效果不明显；技术市场活跃度不仅对本地区高校科技创新能力产生显著的促进作用，对邻近地区也产生一定的空间溢出作用，且对本地区的作用要强于邻近地区；地区经济发展水平对本地区高校科技创新能力具有显著的促进作用，但对邻近地区具有明显的抑制作用；区域对外开放度对本地区高校科技创新能力具有显著的促进作用，对邻近地区的高校科技创新能力也产生一定的空间溢出作用，但对本地区的影响要大于对邻近地区的影响。

三、高校科技创新能力作用凸显

基础研究经费、专利授权数和专利出售数对于河北省经济的增长起到正向促进作用，高校研发人员、研发项目对于河北省经济增长的影响不显著。从科技创新人力资源投入、高校科技创新经费投入、高校的科技创新产出、高校社会服务能力以及河北省高校的科技创新综合绩效等角度看，河北省在"中西部一省一校国家重点建设大学联盟"地区的排名均是第二。从人均经费占有额来看，河北省排在倒数第四位。从专利申请数和专利授权数来看，河北省高校的知识创新能力和技术创新能力匹配度不理想。高校科技创新服务地方经济发展，不仅依靠当地高等教育的历史沉淀，还得益于市场。京津冀协同发展战略使北京、天津和河北成为一个紧密相关的经济体，与部省合建地区相比，河北省在经济规模和区位上占据明显优势，因此，河北省高校科技创新能力对本省经济发展的作用值得期待。

第 二 节　研 究 启 示

从高校科技创新的发展状况检验结果可知，目前在科技创新能力发展中存在一些影响经济效应充分发挥的问题。如何提高科技创新能力、充分发挥高校对区域经济发展水平和质量的促进作用是需要持续跟踪研究的主题。

一、契合创新链进行资金配置，提高高校科技创新投入效率

高校科技创新活动的开展需要投入大量的资金、人力和物力，特别是R&D相关资源。研发活动是高校科技创新活动的核心，能够增加知识和技术的储备，并且可以应用原有和创新的知识技术进行系统性的工作。资金投入对高校科技创新至关重要，前期探索性研究、中期试验和后期的科技成果转化都离不开资金的支持，持续不断地投入经费能够保障高校科技创新项目的顺利开展，同时，增加投入也是解决试验条件欠缺和硬件设施不足的主要手段。

当前按照创新链配置资金链的依据主要是科技价值的形成和确定，不论是高校基础科技理论研究投入，还是科技创新成果的产业化转移，都要以高校科技创新成果的当前价值和预期价值在科技创新活动不同阶段的形成特点进行判断，从而实现宏观效益和微观效益、私人效益和社会效益的统一。具体措施如下。第一，按照科学创新链配置基础研究资金。发达国家基础研究、应用研究和试验发展投入支出的比重大致保持在12.5%：20%：67.5%的水平，基础研究占比一般在12%以上。从我国的情况来看，为实现基础研究占R&D投入比重达10%的目标，需投入2382亿元。第二，按照技术创新链配置应用研究资金。我国应用研究经费占R&D总经费的比重约为11%，和国际水平相比处于较低水平。应适当加大对应用研究的投入力度，实现应用研究投入占R&D投入比重20%的目标。第三，按照工程创新链配置试验发展资金。目前，我国试验发展经费占R&D总经费的比重在80%以上，和国外相比比重偏高，因此应合理调整试验发展投入力度。

二、打造产学研一体化，推动创新链与产业链融合发展

高校科技创新成果的总价值是整个创新链结果的一部分，但创新链包含多

个阶段，每个阶段都会有创新价值形成。为确保大学、科研机构进入研发阶段，实现由创新的上游阶段向中游阶段转变，需要明确大学与企业参与研发的目标差异及对成果价值的不同追求。因此，应注重提高协同创新平台对大学及创新人才的吸引力，提供充足的研究经费和相关条件，使其享有知识产权且能够作为参与创新收益分配的依据。

第一，创新的研发进入新技术阶段时，需要厘清研发阶段创新成果价值的实现途径。首先确保创新成果在转让中实现价值，其次保证在创新者处实现价值。新技术实现价值的形式表现为知识产权报酬形式，要建立和完善技术交易平台，确保技术交易顺利实现。完善分配形式，首先要设立产学研协同实验室，将企业、高校以及科研机构联系到一起，形成研究、开发、生产一体化的创新产业链条。"产"一方面是指企业把实际生产需求传递给高校和科研机构，为创新来源打下现实需求的基础；另一方面是指将高校、科研机构的创新知识转化成新产品、新工艺。"学"既包括为企业和科研机构输入高素质的技术人才，又包括根据企业、科研机构的需求信息将知识与实际生产相结合输出创新知识。"研"则表示科研院所发挥的研发作用，将高校的创新知识进一步转化成与企业实际生产相结合的技术，推进技术向企业乃至装备制造业进行融合。产学研实验室能够将产业链的上游、中游、下游（原材料—中间产品—最终产品）与创新链的前端、中端、后端（基础研究—实验研究—生产试验）相互融合，提高企业、高校、科研机构的协作效率，最终成为京津冀装备制造业高质量发展的加速器。

第二，优化创新链与产业链制度环境。一是在设立相应政策法规的基础上结合科技发展状况，使创新资源总体均衡、局部崛起，缩小区域创新能力基础资源差距；二是企业、高校、科研院所相互协作，设立企业导师责任制、教学课时制和高校、科研机构人员企业实习制，加强企业、高校、科研院所的信息传递，促进科技成果的高效转化。

三、营造科研良好创新氛围，广纳科研人才

"创新之道，唯在得人。得人之要，必广其途以储之。"建设一支规模宏大、富有创新精神、敢于承担风险的高校创新型人才队伍，涵养创新型人才的蓄水池，要坚持在高校科技创新实践中识别人才、培育人才、使用人才。具体做到以下四点：第一，要把高校人才资源开发放在科技创新实践的优先位置，坚持以高校创新型人才引领科技创新发展为理念。真正落实高校用人主体的自

主权，建立健全选人用人机制，将创新型人才选出来、用起来，形成广纳贤才、人尽其才的良好氛围；第二，进一步建立健全高校科技创新型人才培育机制，努力实现创新型人才培育体系化、科学化，不断优化科技创新型人才考核评价机制，探索建立多层次、广覆盖的高校科技创新型人才培育模式，按照人才成长规律办事，避免急功近利、拔苗助长，坚持竞争激励和崇尚合作相结合，培养具有全球视野和国际水平的高校科技领军人才、战略科技人才、青年科技人才和高水平创新团队；第三，遵循科研工作规律，在推进科技创新事业中，给创新型人才提供合适的平台和岗位，发挥优势和长处，赋予其技术路线决策权、经费支配权和资源调动权；第四，加强高等院校、科研院所创新设施建设，完善知识产权运用和保护机制，进一步提高广大创新型人才的获得感和幸福感，给创新型人才创造良好的工作和生活环境，把主要时间和精力用在业务和科研上，使聪明才智和创造活力竞相迸发。

科研创新工作的周期长、不确定性高。目前我国部分高校对科研项目进行考核时规定了 3～5 年的研究时限，研究项目由于短期内未取得显著研究成果而失去中长期的经费支持，使科学探索活动无法向更深层次持续、系统地展开，使创新人才的工作处于进退两难境地，造成人才流失。所以，按短期时限进行评估的评价方法限制了基础研究工作，难以完成预期的突破性目标。为鼓励原创性科研成果的涌现，应在尊重基础研究规律的前提下，建立合理的评估考核制度，对创新人才和项目给予充分的包容，为研究创造良性发展的环境。

四、建立创新技术成果公开交易市场，契合产业链延伸发展

高校、科研机构和企业为促进产业技术的全面提升，可以基于大数据平台建立涵盖全国高校的统一创新技术成果公开交易市场，并将其纳入国家主导的产业技术创新体系。国家之间的经济竞争实质是产业之间的竞争，产业竞争的核心是产业技术整体能力的竞争，高校科技创新成果必须要落实到具体的产业中才能实现实际价值。为此，高校科技创新要以产业技术链升级为导向，集中规划和合理配置创新资源，实现产业技术整体升级，使生产企业实现产业上下游技术创新同步配套，保证技术的耦合性。

高校科技创新要着眼于产业链升级的各个环节，包括原材料、零部件、生产工艺、装备制造和产成品等，必须从国家科技创新和产业升级战略规划角度出发，调整科研和科技创新政策的制定思路，由以支持区域经济发展为导向转变为以支持核心产业发展为导向的创新政策制定、总体设计和系统规

划，推进区域产业技术创新体系建设，实现本地区内部及邻近区域上下游企业技术创新能力的整合，实现对影响行业核心技术和关键技术的研发项目的联合攻关。

五、促进区域经济高质量发展，夯实高校科技创新物质基础

区域经济发展为高校科技创新可持续发展创造了物质条件，厚植了软硬件基础。长远来看，扭转地区间科技可持续发展能力差距扩大的趋势还是要以经济建设为中心，为包括高校在内的单位和组织进行科技创新活动提供人、财、物支持。

统筹区域经济发展的主体是政府，政府要善于发挥引导作用，加快东部产业结构智能化、信息化升级，不断提高经济效益，加大资金支持力度，逐步提升中西部地区经济发展实力，既弥补短板，又突出自身人力成本和自然资源优势，同时应出台积极有效的政策促进高校科技成果的转化，缩小区域间的发展差距，形成经济发展与高校科技创新良性互动的局面。

六、扩大创新活动开放程度，加强区域间高校交流互鉴

我国高校科技创新能力指数具有明显的区域集聚现象，东部沿海地区创新能力强，西部创新能力弱，从东部到西部呈逐渐减弱的态势，东西部差距较大，省域间发展不均衡。这就需要政府起到引导作用，加大财政投入力度，支持中西部地区高校创新能力的提升，鼓励开展校际、区域之间的科技创新活动交流。有效利用高校科技创新产出的空间溢出效应和依赖作用，借鉴发达国家的学术发展经验，积极引导，提高中西部地区的创新能力，力求区域创新能力均衡发展。

具体措施如下：首先，相关部门应针对不同高校的优势资源因校施策，破除行政壁垒，支持高校之间科技创新资源的交流与合作，充分发挥财政支出的空间外溢性，加强科研基础设施建设，优化科技创新环境，推动地区间科技创新水平的提高；其次，针对地区间高校科技创新能力差异，实现区域科技创新均衡发展，加强东部地区优质创新资源对中西部地区的支持力度，注重培养中西部地区高校科技创新内源性发展能力；最后，加强高校的知识溢出能力与高技术产业需求技术的耦合发展，贯彻"一盘棋"思想，促进全国范围内所有高校科技创新与高技术产业创新的深度合作，驱动全国经济科技协调发展。

七、改革创新合作机制，提升科学研究与创新服务能力

河北省高校目前知识创新能力和技术创新能力匹配不理想，对专利申请的重视程度不够，偏向于学术上的研究，制约了科技创新成果转化能力的提高。要注重产学研合作，使高校在合作过程中转变思维，树立合作和共享意识，与多元企业合作培养博士、研究生等高质量人才，共同建设线上和线下"科研实验室"，创建新的科技创新资源共享模式，通力合作搭建新的技术创新平台，加快创新载体建设，建立健全产学研合作机制，争取市场资源，吸纳北京、天津高新技术的优势。充分利用曹妃甸、渤海新区、正定新区、北戴河生命健康产业创新示范区等增长极的优势，加速新区和创新示范区科技创新承接平台的建设，加强重点领域合作，聚集创新资源，提升科学研究与创新服务能力。立足河北自贸试验区建设全球创新高地的目标，将河北高校与自贸区建设有效对接，通过高校与政府携手开展校城融合与自贸区建设，发挥校内外智库资源作用，为河北自贸区建设做好人才和智力支持，大力支持高校、科研院所设立"科技成果转化岗"，全面落实河北－京南国家科技成果转化示范区建设，对接国家和京津科技成果库，提高知识创新能力与技术创新能力匹配度，将科技创新成果转化为社会生产力。

参考文献

［1］安蓉，马亮．西部地区地方高校科技创新能力评价研究［J］．科研管理，2015，36（S1）：15－21．

［2］蔡芳．高校科技创新活动与经济发展关系的研究——基于高校 R&D 活动的统计分析［J］．高教学刊，2020（7）：40－42．

［3］陈刚，赵志耘，许端阳．科技创新支撑经济发展方式转变的动力机制［J］．中国科技论坛，2014（6）：5－8．

［4］陈金波．企业政治关系对技术创新与经济绩效的影响——基于企业规模调节效应的理论与实证研究［J］．经济经纬，2020，37（2）：134－140．

［5］陈劲，蒋子军，陈钰芬．开放式创新视角下企业知识吸收能力影响因素研究［J］．浙江大学学报（人文社会科学版），2011，41（5）：71－82．

［6］陈敬明，李志红，席增雷，袁青川．京津冀地区科技创新激励政策比较与建议［J］．宏观经济管理，2017（12）：69－75．

［7］陈强，颜婷，刘笑．科技创新人力资源集聚对区域创新能力的影响［J］．同济大学学报（自然科学版），2017，45（11）：1722－1730．

［8］陈伟，刘强．基于 DEA 方法的高端装备制造业企业经营绩效研究［J］．工业技术经济，2017，36（3）：56－63．

［9］陈伟俊，刘梦凡，荆晔．高质量发展驱动下高科技企业技术创新对经营绩效的影响［J］．科技创新发展战略研究，2020，4（6）：36－40．

［10］程鹤，陈树文．基于复相关－灰色关联分析的高校科技创新能力指标体系的构建［J］．科技管理研究，2016，36（6）：117－123．

［11］戴志敏，顾丽原，诸竹君．研发投入对经济绩效的影响研究——基于企业金融化水平门限回归［J］．管理工程学报，2021（2）：1－8．

［12］单春霞，仲伟周，张林鑫．中小板上市公司技术创新对企业绩效影响的实证研究——以企业成长性、员工受教育程度为调节变量［J］．经济问题，2017（10）：66－73．

［13］单豪杰．中国资本存量 K 的再估算：1952～2006 年［J］．数量经济

技术经济研究，2008，25（10）：17 - 31.

　　[14] 丁中文，郑怡彤. 福建省创新链与产业链融合战略研究［M］. 北京：中国农业科学技术出版社，2016.

　　[15] 杜俊慧，王文寅，苏贵影. 基于主成分分析的山西高校科技创新能力评价［J］. 经济问题，2013（7）：111 - 114.

　　[16] 郭俊华，孙泽雨. 基于因子分析法的中国高校科技创新能力评价研究［J］. 科技管理研究，2016，36（3）：66 - 71.

　　[17] 韩晓明，王洪燕. 基于熵值法的高校科技创新能力评价［J］. 北京工业大学学报（社会科学版），2015，15（1）：73 - 78，84.

　　[18] 韩雪峰，金丽. 高校科技对区域经济发展贡献率的实证分析［J］. 大连理工大学学报（社会科学版），2014，35（1）：98 - 104.

　　[19] 何郁冰，张思. 技术创新持续性对企业绩效的影响研究［J］. 科研管理，2017，38（9）：1 - 11.

　　[20] 洪银兴，刘伟，高培勇，等. "习近平新时代中国特色社会主义经济思想"笔谈［J］. 中国社会科学，2018（9）：4 - 73.

　　[21] 侯成义，张守华，曹郑玉，张敏. 基于因子分析法的国防高校科技创新能力结构与评价体系研究［J］. 科技管理研究，2011，31（6）：67 - 70.

　　[22] 胡谍，王元地. 企业性质对研发投入长短期效应调节作用的研究——基于中国上市公司的实证分析［J］. 软科学，2015，29（9）：63 - 67.

　　[23] 胡罡，章向宏，刘薇薇，胡丹. 地方研究院：高校科技成果转化模式新探索［J］. 研究与发展管理，2014，26（3）：122 - 128.

　　[24] 胡明晖，楚明超，康艳，等. 科技创新推动河南经济高质量发展研究［J］. 河南科学，2019，37（3）：470 - 476.

　　[25] 胡曙虹，黄丽，范蓓蕾，肖刚. 中国高校创新产出的空间溢出效应与区域经济增长——基于省域数据的空间计量经济分析［J］. 地理科学，2016，36（12）：1767 - 1776.

　　[26] 华恩顺，吕建秋，蒋艳萍，黄俊彦，陈江涛. 广东高校科技创新能力评价——基于2006～2013年高等学校科技统计数据的分析［J］. 科技管理研究，2016，36（11）：63 - 66.

　　[27] 黄小平，刘光华，刘小强. "双一流"背景下区域高校系统科技创新能力：绩效评价与提升路径［J］. 江西师范大学学报（哲学社会科学版），2018，51（6）：93 - 102.

　　[28] 贾鑫晶，赵建军. 山东省创新能力时空演化及其对经济增长的空间

溢出效应分析 [J]. 青岛农业大学学报（社会科学版），2019，31（1）：46 -
52.

[29] 江露薇，刘国新，王静. 我国装备制造业的地区差距与产业布局的空间关联性——基于生态位理论的分析 [J]. 科研管理，2020，41（9）：132 -
141.

[30] 姜文宁，罗津，关汉男. 区域高校资源禀赋、产学研合作强度与企业创新绩效 [J]. 上海交通大学学报（哲学社会科学版），2020，28（1）：75 -86.

[31] 蒋天旭，朱敏. 企业技术创新与企业经济绩效关系的探析 [J]. 工业技术经济，2016，35（1）：55 -62.

[32] 蒋兴华. 五地区高校科技创新能力比较研究——基于灰色关联度评价方法 [J]. 中国高校科技，2016（7）：15 -17.

[33] 教育部. 公开"双一流"建设高校和学科名单 [N]. 中国教育报，2017 -9 -20.

[34] 康健. "政产学研用"协同创新背景下湖南省战略性新兴产业创新链的运作评价与绩效提升研究 [M]. 杭州：浙江工商大学出版社，2016.

[35] 柯亮，姚聪莉. "双一流"建设高校科技创新效率及时空分布特征研究 [J]. 自然辩证法通讯，2021，43（5）：102 -110.

[36] 李春林，刘丽丽. 河北省本科高校科技创新能力评价——基于2012 ~
2016 年高等学校科技统计数据的分析 [J]. 科技管理研究，2018，38（2）：
58 -64.

[37] 李光龙，范贤贤. 财政支出、科技创新与经济高质量发展——基于长江经济带108 个城市的实证检验 [J]. 上海经济研究，2019（10）：46 -60.

[38] 李恒，杜德斌，肖刚. 区域知识创新系统中科技创新与高等教育的融合关系研究——基于长三角城市群的案例研究 [J]. 上海经济研究，2015
（5）：88 -96.

[39] 李慧敏，郑晓齐，李汉邦. 北京市高校重点学科建设探究 [J]. 中国高教研究，2006（6）：27 -28.

[40] 李佳雯，郭彬. 高校科技创新与区域经济发展耦合协调及时空分异研究 [J]. 技术经济，2020，39（4）：112 -119.

[41] 李瞿，吴和成. 区域高校协同创新效率研究——基于 Bootstrap -
SE -DEA 模型 [J]. 科技管理研究，2020，40（14）：84 -90.

[42] 李金昌，史龙梅，徐蔼婷. 高质量发展评价指标体系探讨 [J]. 统计研究，2019，36（1）：4 -14.

［43］李玲娟，欧晓斌．科技成果转化中风险资本的退出机制研究［J］．科学管理研究，2016，34（2）：86－89．

［44］李璐．京津冀高校科技创新效率的实证研究——基于 DEA 分析的 SBM 模型和 Malmquist 生产率指数［J］．教育学术月刊，2019（2）：44－53．

［45］李梦雅，严太华．风险投资、技术创新与企业绩效：影响机制及其实证检验［J］．科研管理，2020，41（7）：70－78．

［46］李明，李鹏．高校科技创新与地区经济发展［J］．财经问题研究，2018（1）：123－129．

［47］李荣富，李铁范，张秋华，陈浩．基于因子分析的地方高校科技创新能力的综合评价［J］．安徽科技学院学报，2014，28（1）：100－107．

［48］李伟，冒乔玲．中小板上市公司技术创新对企业绩效影响的实证研究——基于公司治理调节效应的视角［J］．科技管理研究，2016，36（6）：159－162，175．

［49］李文辉，江涌芝，何秋锐，陈忠暖．中国省域高校科技创新能力、效率及其经济贡献率研究［J］．重庆大学学报（社会科学版），2019，25（3）：108－121．

［50］李新安．区域创新能力对经济发展质量提升的驱动作用［J］．区域经济评论，2020（2）：65－74．

［51］李旭．京津冀区域高校联盟建设的现状、困境与对策［J］．高等教育研究，2018，39（6）：42－50．

［52］李燕．高校科技创新与城市经济高质量发展［J］．科技管理研究，2020，40（13）：1－7．

［53］梁翠，王智新．协同创新视角下高校科技创新能力提升研究［J］．科学管理研究，2014，32（1）：23－26．

［54］廖中举．R&D 投入、技术创新能力与企业经济绩效间关系的实证分析［J］．技术经济，2013，32（1）：19－23．

［55］林青宁，毛世平．高校科技成果转化效率研究［J］．中国科技论坛，2019（5）：144－151，162．

［56］林迎星，廖菊珠．基于创新驱动的福建省高端装备制造业发展研究［J］．福建论坛（人文社会科学版），2019（7）：177－184．

［57］刘波，杨芮，李科．科技成果转化中试风险源研究——基于西北地区制造业的实证分析［J］．科学学与科学技术管理，2017，38（1）：75－87．

［58］刘红梅．高等教育与区域经济协同发展研究述评［J］．宁德师范学

院学报（哲学社会科学版），2019（2）：41-45.

[59] 刘萍，毛宁. 医药行业技术创新投入对当期与远期绩效的影响研究[J]. 科技与管理，2018，20（6）：28-32.

[60] 刘思明，张世瑾，朱惠东. 国家创新驱动力测度及其经济高质量发展效应研究[J]. 数量经济技术经济研究，2019，36（4）：3-23.

[61] 刘思伟，徐素梅，贺川. 基于创新链的复杂系统创新与应用[M]. 北京：冶金工业出版社，2018.

[62] 刘巍，宫舒文. 基于 Bootstrap-DEA 区域高校科研效率测算及差异分析[J]. 统计与决策，2018，34（1）：100-102.

[63] 刘惟蓝. 以高质量发展的指标体系引领开发区建设[N]. 新华日报，2018-4-25.

[64] 刘伟，曹建国，郑林昌，等. 基于主成分分析的中国高校科技创新能力评价[J]. 研究与发展管理，2010，22（6）：121-127.

[65] 刘跃，卜曲，彭春香. 中国区域技术创新能力与经济增长质量的关系[J]. 地域研究与开发，2016，35（3）：1-4，39.

[66] 刘云，马志云，张孟亚，白旭. 研发投入对企业绩效的影响研究——基于中关村高新技术企业的实证分析[J]. 中国科技论坛，2020（12）：67-75，85.

[67] 刘志军，张杰. 基于正态云的船舶工业技术协同创新绩效评价[J]. 统计与信息论坛，2016，31（9）：62-68.

[68] 刘志林. 高等教育层次结构与社会经济发展关系分析[J]. 高等工程教育研究，2019（5）：120-126.

[69] 罗建，史敏，彭清辉，毛珊瑛. 核心利益相关者认知差异视角下高校科技成果转化问题及对策研究[J]. 科技进步与对策，2019（13）：112-117.

[70] 罗伟其. 全面提升高校创新能力主动服务创新驱动发展战略[J]. 中国高校科技，2016（4）：4-6.

[71] 吕薇. 探索体现高质量发展的评价指标体系[J]. 中国人大，2018（11）：23-24.

[72] 马茹，罗晖，王宏伟，等. 中国区域经济高质量发展评价指标体系及测度研究[J]. 中国软科学，2019（7）：60-67.

[73] 马双，曾刚. 我国装备制造业的创新、知识溢出和产学研合作——基于一个扩展的知识生产函数方法[J]. 人文地理，2016，31（1）：116-123.

[74] 苗丽冉. 高校科技创新对经济高质量发展的影响研究 [D]. 河北：河北大学，2020.

[75] 苗欣茹，王少鹏，席增雷. 中国海洋生态文明进程的综合评价与测度 [J]. 海洋开发与管理，2020，37 (1)：83-91.

[76] 苗欣茹. 高校科技创新能力区域差异分析 [D]. 河北：河北大学，2020.

[77] 潘丹，李永周，王晓洁. 高校科技创新能力比较研究——基于组合评价法和 K 均值聚类的分析 [J]. 中国高校科技，2020 (5)：30-34.

[78] 潘杰义，李燕，詹美求. 企业-大学知识联盟中知识转移影响因素分析 [J]. 科技管理研究，2006 (7)：206-210.

[79] 潘昆峰，袁娟. 中国城市高等教育科研创新能力研究——基于 2014 年 17 家高等教育中文核心期刊科研论文的分析 [J]. 中国高教研究，2015 (7)：33-40.

[80] 潘云文，李庆军，于莉娟，曹玉美. 山东省科技进步贡献率的测算及对策研究 [J]. 科学与管理，2013，33 (6)：79-83.

[81] 彭新一，王春梅. 区域高校科技创新能力与经济发展水平耦合协调研究 [J]. 科技管理研究，2018，38 (3)：148-155.

[82] 齐振远. 高校科技投入与区域经济发展的互动研究——以湖北省为例 [J]. 科技进步与对策，2009 (11)：146-150.

[83] 荣耀华，李沐雨，乜晨蕾，等. 基于 DEA 视窗分析的教育部直属 72 所高校办学效率研究 [J]. 数理统计与管理，2019，388 (4)：591-601.

[84] 沈红丽. 因子分析法和熵值法在高校科技创新评价中的应用 [J]. 河北工业大学学报，2009，38 (1)：36-42.

[85] 石晓军，周静，王立杰. 中国高校科技创新发展轨迹与模式的实证分析 [J]. 科学学研究，2006，24 (3)：405-410.

[86] 石薛桥，薛文涛. 基于生态位理论的中部六省高校科技创新能力评价 [J]. 经济问题，2020 (11)：119-123.

[87] 宋维玮，邹蔚. 湖北省高校科技创新效率评价研究 [J]. 科研管理，2016，37 (S1)：257-263.

[88] 苏方林，宋帮英. 山东省资本存量与科技进步贡献率变动的测算：1978-2007 [J]. 山东经济，2010，26 (3)：153-159.

[89] 苏竣，眭纪刚. 中国高校科技创新发展与人才培养 [J]. 科学学研究，2018，36 (12)：2132-2135.

[90] 孙占，张玉斌. 基层科技创新体系基本理论研究 [J]. 科学进步与对策，2014，31（7）：26－30.

[91] 万莉，程慧平. 区域高校技术转让效率及其空间收敛性研究 [J]. 黑龙江高教研究，2018，36（7）：53－58.

[92] 万勇. 区域R&D绩效及其与经济增长的关联研究——基于文献研究的视角 [J]. 技术经济与管理研究，2014（1）：118－122.

[93] 汪凡，白永平，周亮，张永凯，乔富伟，纪学朋. 中国高校科技创新能力时空格局及影响因素 [J]. 经济地理，2017，37（12）：49－56.

[94] 汪建，张驰. 支持研发能力提升的产品多样化决策研究 [J]. 科学学研究，2020，38（11）：2008－2019.

[95] 汪晓梦. "十二五"期间西南高校科技创新绩效评估与比较 [J]. 科学管理研究，2018，36（5）：66－69.

[96] 王春杨，许浩楠. 大学研发资源配置、溢出效应与企业创新空间演进 [J]. 软科学，2018（11）：1－5.

[97] 王金国，张经强，王娇. 北京市属高校科技创新能力评价研究 [J]. 科技进步与对策，2017，34（20）：108－112.

[98] 王丽平，王俊霞. 包容型人才开发模式对高校科技成果创新质量的影响机制研究 [J]. 科技进步与对策，2019，36（3）：146－153.

[99] 王美霞. 中国高校协同创新能力评价及空间格局研究 [J]. 统计与信息论坛，2018，33（8）：67－73.

[100] 王鹏，陈迅，马京伟. 中国高校经费投入、研发规模与科研产出——基于双门限模型的分析 [J]. 研究与发展管理，2016，28（3）：134－142.

[101] 王鹏，张剑波. 高校创新投入、产学合作与大中型工业企业创新产出——基于我国十三省市面板数据的实证研究 [J]. 暨南学报（哲学社会科学版），2014，36（10）：59－67，161－162.

[102] 王青，张冠青. 高校科技对区域经济发展贡献率测度——基于1998~2015年辽宁省的数据 [J]. 科技管理研究，2018，38（2）：80－85.

[103] 王秋玉，曾刚，吕国庆. 中国装备制造业产学研合作创新网络初探 [J]. 地理学报，2016，71（2）：251－264.

[104] 王少鹏，苗欣茹，席增雷. 高校科技创新、空间溢出与区域经济发展 [J]. 技术经济，2021，40（4）：49－57.

[105] 王纾. 京津冀高校创新综合能力评价研究——区域比较视角的模

型分析 [J]. 中国高校科技, 2021 (3): 29 - 34.

[106] 王婷, 安增龙. 煤炭企业研发投入对企业效益的影响研究 [J]. 煤炭经济研究, 2020, 40 (8): 81 - 87.

[107] 王维, 刘伟. 技术创新、人力资本对企业绩效的影响——基于信息技术行业上市公司的实证分析 [J]. 经营与管理, 2016 (8): 116 - 118.

[108] 王小红, 闫晓霞, 陈钰洁. 环境规制下技术创新对经济绩效的影响 [J]. 西安工程大学学报, 2019, 33 (6): 691 - 696.

[109] 王亚楠, 宋景华. 京津冀高校科技创新能力比较研究 [J]. 科学管理研究, 2017, 35 (6): 74 - 77.

[110] 王玉斌, 张丽. 全球价值链分工与高校创新创业教育研究 [M]. 成都: 四川大学出版社, 2018.

[111] 温忠麟, 侯杰泰, 张雷. 调节效应与中介效应的比较和应用 [J]. 心理学报, 2005 (2).

[112] 吴铖铖, 项桂娥, 陈运新. 创新投入、创新产出与经营绩效关系研究——加入滞后、调节效应的考量 [J]. 大连民族大学学报, 2020, 22 (4): 320 - 327.

[113] 吴建国, 张经强, 王娇. 我国高校科技创新能力比较分析: 基于因子分析法的实证研究 [J]. 科技进步与对策, 2016, 33 (15): 151 - 155.

[114] 吴卫红, 杨婷, 张爱美, 刘安国. 创新资源集聚对区域创新绩效的溢出效应——高校与高技术产业对比研究 [J]. 科技进步与对策, 2017, 34 (17): 40 - 45.

[115] 吴杨, 何光荣, 何晋秋. 高校科研投入与产出的相关性分析 [J]. 清华大学教育研究, 2011, 32 (4): 104 - 112.

[116] 吴颖, 崔玉平. 长三角高校科技创新效率及其时空演化 [J]. 重庆高教研究, 2021 (6): 1 - 16.

[117] 吴玉鸣. 工业研发、产学合作与创新绩效的空间面板计量分析 [J]. 科研管理, 2015, 36 (4): 118 - 127.

[118] 席增雷, 袁青川, 徐伟. 基于 Malmquist - TFP 模型的京津冀地区科技创新经济效率评价 [J]. 宏观经济研究, 2018 (7).

[119] 肖仁桥, 沈路, 钱丽. 新时代科技创新对中国经济高质量发展的影响 [J]. 科技进步与对策, 2020, 37 (4): 1 - 10.

[120] 谢兴华, 资智洪. 高校科技成果转化的路径探索与实践——以华南理工大学为例 [J]. 科技管理研究, 2018, 38 (24): 109 - 114.

[121] 邢飞飞，张云化．高校科技成果转化存在的问题与建议［J］．经营与管理，2019（1）：146－148.

[122] 邢战雷，马广奇，刘国俊，孙艳蕾．专利分析视角下的高校科研创新能力：评价与提升［J］．科技管理研究，2019，39（16）：120－128.

[123] 熊国经，熊玲玲，陈小山．泛珠三角洲区域高校科技创新能力评价——基于 E－TOPSIS 改进因子分析法的实证研究［J］．科技管理研究，2018，38（22）：86－91.

[124] 熊朗羽，韩培培．民营企业技术创新投入与企业绩效——基于风险承担的调节效应研究［J］．吉林工商学院学报，2018，34（5）：35－41.

[125] 徐建中，王纯旭．基于二象对偶与熵权法的区域高技术产业创新系统协同度测度研究［J］．理论探讨，2016（4）：164－167.

[126] 徐雯斐，王晓鸿．我国区域创新体系构建分析［J］．经济问题探索，2009（1）：1－5.

[127] 徐哲根，杨璐，栾绍娇．基于接力创新的高校科技成果转化能力与效率评价研究［J］．科技管理研究，2019，39（24）：8－14.

[128] 许照成，侯经川．创新投入、竞争战略与企业绩效水平——基于中国制造业上市公司的实证分析［J］．现代财经（天津财经大学学报），2019，39（9）：56－68.

[129] 许治，陈郑逸帆，朱明晶．企业持续创新必然促进业绩增长——基于环境动荡性调节效应的分析［J］．科学学与科学技术管理，2020，41（12）：3－19.

[130] 薛风平．区域创新系统中合作、资源与产出关系的实证研究［J］．科技进步与对策，2009，26（5）：40－43.

[131] 严月娟，史常凯．高校在区域科技创新中的作用、问题与对策［J］．长春工业大学学报（高教研究版），2009，30（3）：43－45.

[132] 杨百寅，高昂．企业创新管理方式选择与创新绩效研究［J］．科研管理，2013，34（3）：41－49.

[133] 杨博，曹辉．我国高校创新效率测度及区域比较［J］．统计与决策，2020，36（16）：60－63.

[134] 杨超，黄群慧，贺俊．中低技术产业集聚外部性、创新与企业绩效［J］．科研管理，2020，41（8）：142－147.

[135] 杨良明，周立新．家族企业技术创新与企业绩效：社会情感财富的调节作用［J］．重庆大学学报（社会科学版），2018，24（4）：75－85.

［136］杨亚军，李洪天．江苏省高等教育对经济增长贡献率的估算及分析［J］．教育研究，2006（7）：90－93.

［137］姚建建，门金来．高校科技人才培养对区域发展的贡献——基于上海市人力资本和经济发展的分析［J］．科技管理研究，2020，40（24）：118－126.

［138］姚思宇，何海燕．高校科技成果转化影响因素研究——基于 Ordered Logit 模型实证分析［J］．教育发展研究，2017，37（9）：45－52.

［139］万刚，郑建国．高校科技创新能力评价比较研究［J］．社会科学家，2019（10）：49－53，59.

［140］易平涛，李伟伟，郭亚军，李玲玉．区域高校科技创新力排名及评价分析［J］．科研管理，2017，38（S1）：83－89.

［141］殷辉，陈劲，谢芳．开放式创新下产学合作的演化博弈分析［J］．情报杂志，2012，31（9）：185－190.

［142］尹洁，施琴芬，李锋．高校协同创新模式选择影响因素实证研究［J］．科技进步与对策，2016，33（6）：33－39.

［143］于志军，杨昌辉，白羽，彭张林．成果类型视角下高校创新效率及影响因素研究［J］．科研管理，2017，38（5）：141－149.

［144］余芝霖．基于 PP－SFA 的高校创新效率及影响因素研究［J］．科技与管理，2018，20（2）：14－18，105.

［145］张宝生，王天琳，王晓红．省域高等院校研发人员集聚与科技创新能力协调关系的时空特征研究［J］．技术经济，2020，39（11）：19－30.

［146］刘书雷，吕蔚，韩琰．高校科技创新能力的要素构成及评价体系研究［J］．科学学研究，2008，26（S2）：467－470.

［147］张海波，郭大成，张海英．"双一流"背景下高校科技创新资源配置效率研究［J］．北京理工大学学报（社会科学版），2021，23（1）：171－179.

［148］张俊婷，王国金，吴洁，张裕稳，施琴芬．基于熵权－DEMATEL 的江苏高校科技创新能力评价研究［J］．科技管理研究，2018，38（9）：47－54.

［149］张绍丽，于金龙．产学研协同创新的文化协同过程及策略研究［J］．科学学研究，2016，34（4）：624－629.

［150］张彤彤．京津冀地区高校科技创新对区域经济增长的影响研究［D］．保定：河北大学，2020.

[151] 张永安，张瑜筱丹．外部资源获取、内部创新投入与企业经济绩效关系——以新一代信息技术企业为例 [J]．华东经济管理，2018，32 (10)：168 – 173.

[152] 张振刚，谢孟鑫，林丹．基于 BP 神经网的我国制造业企业绩效评价体系——以上市白色家电制造企业为例 [J]．科技管理研究，2020，40 (15)：217 – 223.

[153] 张治河，郭星，易兰．经济高质量发展的创新驱动机制 [J]．西安交通大学学报（社会科学版），2019，39 (6)：39 – 46.

[154] 章穗，张梅，迟国泰．基于熵权法的科学技术评价模型及其实证研究 [J]．管理学报，2010，7 (1)：34 – 42.

[155] 赵剑波，史丹，邓洲．高质量发展的内涵研究 [J]．经济与管理研究，2019，40 (11)：15 – 31.

[156] 赵岚，王海波．RBF 模型在高等教育和经济发展关系分析中的应用 [J]．西南师范大学学报（自然科学版），2019，44 (7)：117 – 120.

[157] 赵庆年，陈夏莹．高等教育与区域经济关系研究：回顾、反思与展望——基于 CiteSpace 的可视化分析 [J]．现代教育论丛，2020 (5)：54 – 65.

[158] 钟睿．创新驱动发展战略下提升高校科研水平——以工业和信息化部 7 所部属高校为例 [J]．中国高校科技，2019 (Z1)：30 – 33.

[159] 钟卫，姜万军．我国高校扩招后办学效率和生产率的变化 [J]．统计研究，2017，34 (1)：91 – 101.

[160] 周才云，周丽萍．我国高校科技创新能力的省际比较研究 [J]．技术经济与管理研究，2019 (2)：47 – 51.

[161] 周成，金川，赵彪，张峰．区域经济 – 生态 – 旅游耦合协调发展省际空间差异研究 [J]．干旱区资源与环境，2016，30 (7)：203 – 208.

[162] 周丹，李鑫，王核成．如何共舞？服务商业模式创新与技术创新对企业绩效的交互影响 [J]．科技进步与对策，2019，36 (22)：92 – 101.

[163] 周菲，杨栋旭．高管激励、R&D 投入与高新技术企业绩效——基于内生视角的研究 [J]．南京审计大学学报，2019，16 (1)：71 – 80.

[164] 周江燕．研发投入与企业业绩相关性研究——基于中国制造业上市公司的实证分析 [J]．工业技术经济，2012，31 (1)：49 – 57.

[165] 朱金龙，朱卫未，宋福明．基于 PCA – SEDEA 的高校协同创新中心科研效率分析与评价——以江苏高校行业产业类协同创新中心为例 [J]．科

技管理研究，2018，38（24）：65 - 72.

[166] 朱金龙，朱卫未，王晓冬. 基于随机前沿分析模型的江苏省属高校科技创新效率分类评价与研究 [J]. 科技与经济，2018，31（6）：36 - 40.

[167] 朱启贵. 建立推动高质量发展的指标体系 [N]. 文汇报，2018 - 2 - 6（12）.

[168] 朱恬恬，卢雅华，张跃军. 两阶段视角下中国高校科技创新效率的溢出效应研究 [J]. 中国地质大学学报（社会科学版），2021，21（2）：130 - 142.

[169] 朱娅妮，余玉龙. 科技成果转化的影响因素及对策研究——以长三角区域地方高校为例 [J]. 中国高校科技，2021（4）：92 - 96.

[170] Abramo G, Cicero T, D'Angelo, Ciriaco Andrea. The impact of unproductive and top researchers on overall university research performance [J]. Journal of Informetrics, 2013, 7（1）：166 - 175.

[171] Akinwale Y O. Technology innovation and financial performance of MSMEs during Covid - 19 lockdown in Dammam area of Saudi Arabia：A case of food and beverage sector [J]. International Journal of Technological Learning, Innovation and Development, 2020, 12（2）：136 - 152.

[172] Aminu I M, Shariff M N M. Determinants of SMEs performance in Nigeria：A pilot study [J]. Mediterranean Journal of Social Sciences, 2015, 6（1）：156.

[173] Aranoff G. Manufacturing and Production Economics Numerical Model Old Non - FMS versus Modern FMS Plants [J]. Modern Economy, 2019, 10（12）：2387 - 2392.

[174] Auranen O, Nieminen M. University research funding and publication performance：An international comparison [J]. Research Policy, 2010, 39（6）：0 - 834.

[175] Bagheri M, Mitchelmore S, Bamiatzi V et al. Internationalization orientation in SMEs：The mediating role of technological innovation [J]. Journal of International Management, 2019, 25（1）：121 - 139.

[176] Benedetto Sergio, Cicero Tindaro, Malgarini Marco. Determinants of research quality in Italian universities：Evidence from the 2004 to 2010 evaluation exercise [J]. Research Evaluation, 2016, 10（4）：396 - 404.

[177] Bigliardi B. The effect of innovation on financial performance：A re-

search study involving SMEs [J]. Innovation, 2013, 15 (2): 245 – 255.

[178] Bolli T, Somogyi F. Do competitively acquired funds induce universities to increase productivity? [J]. Research Policy, 2011, 40 (1): 136 – 147.

[179] Caniels M C J. Knowledge spillovers and economic growth differentials across Europe [M]. Northampton: Edward Elgar Publishing, 2000.

[180] Fábio de Oliveira Paula, Silva J F D. The impact of alliances and internal R&D on the firm's innovation and financial performance [J]. Brazilian Business Review, 2018, 15.

[181] George G, Zahra S A, Wood D. The effects of business-university alliances on innovative output and financial performance: A study of publicly traded biotechnology companies [J]. Journal of Business Venturing, 2002, 17.

[182] Hung Bui Quang, Anh Trinh Thuy et al. Innovation: From capabilities to performance in manufacturing enterprises in Vietnam [J]. Journal of Economic Development, 2020, 1 (45): 61 – 81.

[183] J Youtie, P Shapira. Building an innovation hub: A case study of the transformation of university roles in regional technological and economic development [J]. Research Policy, 2008, 37 (6): 1188 – 1204.

[184] Job P. Antony, Sanghamitra Bhattacharyya. Measuring organizational performance and organizational excellence of SMEs – Part 2: An empirical study on SMEs in India [J]. Measuring Business Excellence, 2010, 14 (3): 42 – 52.

[185] Joshi D, Nepal B, Rathore A P S et al. On supply chain competitiveness of Indian automotive component manufacturing industry [J]. International Journal of Production Economics, 2013, 143 (1): 151 – 161.

[186] Martin Meyer. Are patenting scientists the better scholars? [J]. Research Policy, 2006, 35 (10).

[187] Mikel B, Joost H, Baumertb T. The determinants of regional innovation in Europe: A combined factorial and regression knowledge production function approach [J]. Research Policy, 2010, 9 (12): 722 – 735.

[188] Minh N K, Van Khanh P, Minh N T et al. Productivity growth, technological progress, and efficiency change in Vietnamese manufacturing industries: A stochastic frontier approach [J]. Open Journal of Statistics, 2012, 2 (2): 224.

[189] Muharam H, Andria F, Tosida E T. Effect of process innovation and market innovation on financial performance with moderating role of disruptive technol-

ogy [J]. Systematic Reviews in Pharmacy, 2020, 11 (1): 223 –232.

[190] Nazarko, Saparauskas. Application of DEA method in efficiency evaluation of public higher education institutions [J]. Technological and Economic Development of Economy, 2014, 20 (1): 25 –44.

[191] Ngo – Quang T, Le – Van T, Doan – Ngoc P. Determinants of technological diffusion via FDI enterprises in the manufacturing sector in Vietnam over 2005 – 2013 [J]. Open Access Library Journal, 2015, 2 (10): 1 –12.

[192] Philipp Koellinger. The relationship between technology, innovation, and firm performance: Empirical evidence from e-business in Europe [J]. Research Policy, 2008, 37 (8).

[193] R. P. Jayani Rajapathirana, Yan Hui. Relationship between innovation capability, innovation type, and firm performance [J]. Journal of Innovation & Knowledge, 2018, 3 (1): 44 –55.

[194] Union C. Further, higher: Tertiary education and growth in the UK's new economy [J]. University & College Union, 2012.

[195] Vanderpal G A. Impact of R&D expenses and corporate financial performance [J]. Journal of Account and Finance, 2015, 15 (7): 135 – 149.

[196] Wachira E W. The effect of technological innovation on the financial performance of commercial banks in Kenya [D]. University of Nairobi, 2013.

[197] Yaisawarng S, Ng Y C. The impact of higher education reform on research performance of Chinese universities [J]. China Economic Review, 2014 (31): 94 – 105.